재밌어서 밤새 읽는

한국사 이야기 4

재밌어서 밤새 읽는

한국사 이야기 4

조선 시대 후기

공명진 · 김태규 · 윤경수(재밌는이야기역사모임) 지음

더숲

왕비 자리를 둘러싼 인현 왕후와 장희빈의 대립과 암투, 비극으로 끝난 사도 세자와 그의 아버지 영조의 갈등, 죽음의 위기를 여러 번 어렵게 넘기고 왕위에 올라 조선의 위대한 임금이 된 정조, 그리고 강화도에서 농사짓던 청년에서 왕의 자리에 오른 철종. 이 모든 이야기는 수십 년 전부터 인기 있는 사극 드라마 소재라는 공통점이 있다. 또 하나의 공통점을 찾아보자면 이 이야기들은 모두 조선 시대 후기에 일어난 역사적 사건들이라는 점이다.

건국 이후 200년 동안 한 번도 경험해 보지 못한 큰 전쟁을 연이어 치른 이후를 조선 시대 후기라고 한다. 같은 조선 왕조지만 전기와 후기는 큰 차이를 보인다. 엄격한 신분 구조 속에서 양반 중심의 정치·사회 질서가 유지된 전기와 달리 후기에는 신분제 전체에서 변화가 이어진다. 양반만 보아도 모든 권력을 독점한 소수의 양반, 돈으로 신분을 산 평민 출신 양반, 무늬만 양반이지 평민보다도 궁핍한 몰락 양반까지 여럿으로 나뉘게 된다.

신분제만 흔들린 것이 아니다. 먹고사는 문제도 크게 바뀌었다. 새로운 농사법의 보급, 새로운 농작물의 전래, 그로 인한 상품 작물의 재배까지 조선의 주요 산업인 농업에 변화가 일었다. 그뿐만 아니라 상업과 수공업이 발달하기 시작했다. 이런 사회 변화의 흐름에 중심을 잡아 주지 못한 성리학의 한계를 극복해 보고자 실학이 등장했고, 변화를 거부하는 양반을 향한 불만에 농민들의 항쟁이 일어났다.

이 책에서는 무너져 내리는 통치 체제를 다시 세우고 외세를 몰아내면서 결국에는 강력한 왕권이 통치하는 옛 조선의 부활을 꾀했다는 점을 고려해 흥선 대원군의 개혁을 강화도 조약 이후의 시기와 구분해 조선 시대 후기의 사실들과 연결해 다루었다.

조선 시대 후기는 변화의 시기다. 큰 전쟁이 가져온 정치적·경제적·사회적 변화와 그 변화에 대처하고 적응하고자 고군분투한 사람들의 노력이 펼쳐진 시기다. 또한 세계사에서 시민 혁명과 산업 혁명이 일어나는 변화의 시기와도 일치한다. 그리고 이후 이어지는 근대 국가의 형성과 연결되는 매우 중요한 시기다. 조선은 이 변화의 시기에 어떻게 대응했을까?

차례

한국사와 세계사를 한눈에 읽는 연표

* 조선의 왕들은 재위 연도

동양사	한국사(조선 후기)	서양사

동양사	한국사(조선 후기)	서양사
	1649 제17대 효종(~1659), 북벌 운동	1649 영국, 공화정 실시
	1653 하멜, 제주도 표착	
	1654 제1차 나선 정벌	
	1658 제2차 나선 정벌	
	1659 제18대 현종(~1674)	
	제1차 예송 논쟁(기해예송)	
1673 청, 삼번의 난	1674 제19대 숙종(~1720)	
	제2차 예송 논쟁(갑인예송)	
	1680 경신환국	
		1682 뉴턴, 만유인력의 법칙 발견
		1688 영국, 명예혁명
1689 청, 러시아와 네르친스크 조약	1689 기사환국	1689 영국, 〈권리 장전〉 승인
체결		
	1694 갑술환국	
	1696 안용복, 독도에서 일본인 쫓아냄	
		1701 프로이센 왕국 성립
	1708 대동법 전국에 확대 실시	
	1712 백두산정계비 건립	
	1720 제20대 경종(~1724)	
	1724 제21대 영조(~1776)	
	1742 탕평비 건립	

동양사	한국사(조선 후기)	서양사
1744 아라비아 반도, 와하브 운동 시작	1746 《속대전》 편찬	
	1750 균역법 실시	
	1762 사도 세자 사건	
		1765 제임스 와트, 증기 기관 개량
		1773 미국, 보스턴 차 사건
	1776 제22대 정조(~1800)	1776 미국, 독립 선언
	규장각 설치	
	1778 박제가, 《북학의》 편찬	
		1783 미국, 독립
	1785 《대전통편》 편찬	
		1789 프랑스 대혁명
		〈인권 선언〉 공포
	1791 금난전권 폐지(신해통공)	

동양사	한국사(조선 후기)	서양사
	1793 장용영 설치	
	1794 수원 화성 축조(~1796)	
1796 청, 백련교의 난		
	1800 제23대 순조(~1834)	
	1801 공노비 해방, 신유박해	
		1804 프랑스, 나폴레옹 황제 즉위
1805 이집트, 무함마드 알리 집권		
	1811 홍경래의 난	
		1814 빈 회의 개최
		1821 그리스, 독립 전쟁
		1830 프랑스, 7월 혁명
		1832 영국, 제1차 선거법 개정
	1834 제24대 헌종(~1849)	
1839 오스만 제국, 탄지마트 실시	1839 기해박해	
1840 청, 제1차 아편 전쟁 (~1842. 난징 조약)		
		1848 프랑스, 2월 혁명
	1849 제25대 철종(~1863)	
1851 청, 태평천국 운동		
1854 일본, 미일 화친 조약 체결		
1856 청, 제2차 아편 전쟁 (~1860. 톈진 조약)		
1857 인도, 세포이 항쟁		
1860 청, 베이징 조약 체결	1860 최제우, 동학 창시	
1861 청, 양무운동 시작	1861 김정호, 대동여지도 제작	1861 미국, 남북 전쟁(~1865) 이탈리아, 왕국 수립 러시아, 농노 해방령
	1862 임술 농민 봉기	
	1863 제26대 고종(~1907)	1863 미국, 링컨 대통령이 노예 해방령 선포
	1864 서원 철폐 및 정리	
	1865 경복궁 중건	
	1866 병인박해, 병인양요	
1868 일본, 메이지 유신	1868 오페르트 도굴 사건	
1869 이집트, 수에즈 운하 개통		
	1871 척화비 설치	

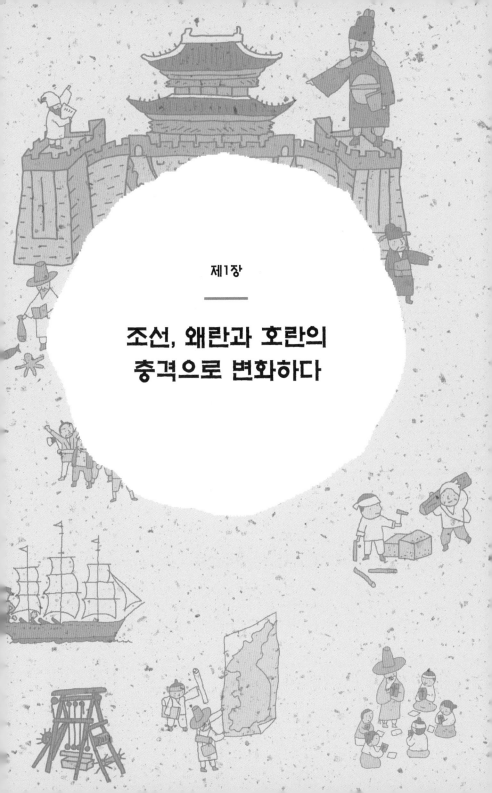

제1장

조선, 왜란과 호란의
충격으로 변화하다

가노라 삼각산아 다시 보자 한강수야

고국산천을 떠나고자 하랴마는

시절이 하 수상하니 올 동 말 동 하여라

위의 시는 병자호란 때 청에게 항복하기를 끝까지 반대한 예조 판서(지금의 외교부·교육부·문화체육관광부 장관) 김상헌이 당시 청의 수도 심양으로 끌려 갈 때 남긴 것이다. 김상헌뿐 아니라 청에 인질로 끌려간 소현 세자와 세자빈 강 씨 일행도 같은 심정이었으리라. 그런데 1645년(인조 23년) 꿈에도 그리던 고국에 돌아온 지 1년 만에 강 씨는 시아버지 인조로부터 사약을 받는다. 도대체 무슨 일이 있었던 것일까?

강인한 기개를 지닌 왕실 여인 강 빈

1636년 청은 12만 병력을 이끌고 조선의 국경을 넘어 파죽지세로 한양까지 밀어닥쳤다. 이것이 병자호란이다. 소현 세자와 강 빈은 강화도로 피신하기 위해 나루터에서 배를 기다렸다. 그러나 피란을 책임지고 있는 김경징이 자기 가족만 챙긴 탓에 강화도를 눈앞에 두고 일행은 추위와 배고픔에 시달리며 이틀이나 발을 동동 굴려야 했다. 그때 강 빈이 나섰다.

"네 이놈, 김경징아! 어찌 이런 짓을 하느냐!"

강 빈의 호통에 깜짝 놀란 김경징은 그제야 배를 구해 왔고, 결국 소현 세자와 강 빈은 무사히 강화도로 피신할 수 있었다. 강 빈은 여자 목소리가 담장을 넘어서는 안 된다는 관습이 있는 시대에 나서야 할 때를 알고 행동한 것이다.

우여곡절 끝에 강화 산성으로 몸을 피했지만 청의 군대는 추격을 멈추지 않았다. 성이 함락되는 것은 시간문제였다. 강 빈은 내관들에게 자신과 소현 세자가 죽는 것은 어쩔 수 없으나 원손 (소현 세자의 아들)이 죽는 것은 차마 볼 수 없으니 아이를 데리고 피하라고 분부한 뒤 자결하려 했다. 그러나 신하들이 재빨리 붙잡아 큰 상처는 나지 않았다.

병자호란 패배 후 강 빈은 소현 세자와 함께 청나라에 인질로 끌려갔다. 강 빈이 심양에 도착했을 때 청의 장수 용골대가 말했다.

"황제가 계신 곳에서는 왕의 부인이라도 감히 가마를 탈 수 없소. 그러니 빈궁의 행차는 성안에서는 말을 타도록 하시오!"

그러자 신하들이 조선의 법도에 따라 가마에서 내려 말을 탈 수 없다고 항의했다. 소현 세자를 비롯한 일행이 모두 멈추어 서서 실랑이를 벌일 그때 강 빈의 목소리가 들렸다.

"가마를 내려라."

많은 사람을 고생시킬 수 없다고 생각한 그녀는 가마에서 나와 말을 타고 심양으로 들어갔다. 위기 상황에도 대담하게 기지를 발휘하고 과감하게 체면을 벗어 버릴 줄 알았던 그녀의 파란만장한 심양 생활은 그렇게 파격적으로 시작되었다.

심양관의 여성 CEO 세자빈

심양에 인질로 잡혀간 조선인은 강 빈과 소현 세자를 포함하여 192명에 이르렀다. 그들은 심양관이라는 곳에 머무르며 힘겨운 인질 생활을 시작했다. 처음에는 청의 지원을 받을 수 있었고, 조선과 청 사이에서 면포·수달 가죽·백자 등의 무역을 매개했다. 소현 세자가 청 황제를 수행하기 위해 심양관을 비우는 일이 잦아 강 빈은 세자를 대신하여 조선에 보내는 문서까지 직접 챙기며 심양관의 실질적인 경영을 도맡아 했다.

심양 생활 5년째 어느 날 청나라 관리가 갑자기 찾아와 생각지 못한 말을 전했다.

"황제께서 조선의 왕자가 이곳에 온 지 금년으로 5년이 되었으니 더 이상 식량을 내어 줄 수 없고, 내년부터는 직접 농사를 지어먹으라 하셨습니다."

농사는 곧 정착을 의미하기에 소현 세자를 비롯한 조선인 관리들은 조선으로 되돌아가지 못할 것을 걱정하여 거세게 반대했다. 그런데 강 빈은 제안을 받아들였다. 그녀는 그동안 축적한 재산을 이용해 청에 끌려온 조선인 포로를 돈을 주고 심양관으로 속환시켰다. 그리고 그들은 발달된 조선의 농업 기술을 바탕으로 땀흘려 일해 청으로부터 받은 황무지를 농장으로 탈바꿈시켰다. 또한 열심히 일한 사람을 우대하는 제도를 도입해 생산성을 높였다. 그러자 곧 한 해에 필요한 곡식의 세 배 이상을 수확하게 되었다.

심양관에서 수확한 쌀은 품질이 좋아 청나라 왕족에게 인기가 있어 큰돈을 벌 수 있었다. 부를 쌓은 강 빈은 더 많은 조선인 포로들을 해방시켜 주었고, 절망하고 있던 그들은 희망을 되찾아

소현 세자와 친분을 맺은 신부 아담 샬. 그의 회고록에 따르면 두 사람은 소현 세자의 요청으로 만났고 서양 학문과 천주교에 대해 이야기를 나누었다. 아담 샬은 귀국하는 소현 세자에게 천구의, 천문 서적 등을 선물했다(그림 1).

열심히 일해 농장은 더욱더 번성할 수 있었다. 곧 심양관에 머무르는 조선인은 500여 명으로 늘어났다. 이렇듯 강 빈은 청과 조선의 무역을 주도하고 농장을 경영하여 부를 축적하는 등 명실공히 여성 CEO로서의 면모를 보여 주었다.

한편 1644년 소현 세자와 강 빈은 거처를 베이징(북경)으로 옮겼다. 청이 명의 수도 베이징을 점령하고 천도했기 때문이다. 그곳에서 소현 세자는 아담 샬이라는 천주교 신부이자 천문학자를 만나 교류했는데, 이때 천주교 교리와 천문학·화포·망원경 등 서양 문물을 접했다. 이듬해 1645년 인질 생활 8년 만에 소현 세자와 강 빈은 조선으로 돌아갈 수 있게 되었다. 그러나 꿈에도 그리던 귀국 길의 끝이 잿빛으로 뒤덮일 것이라는 사실을 그들 내외는 아직 알지 못했다.

시아버지로부터 사약을 받다

소현 세자와 강 빈이 인질로 잡혀간 뒤 심양에서 활약하여 청의 황제에게 인정받은 모습을 보고 인조는 어떤 생각을 했을까? 아버지로서 아들 부부가 잘살고 있으니 기쁘게 여기고 격려해 주었을까? 아쉽게도 그렇지 못했다.

남한산성에서 45일간 항전한 인조는 청의 황제 홍타이지에게 항복하고 삼배구고두례의 굴욕을 겪었다. 그런데 그런 철천지원수에게 아들이 인정받고 있다는 사실은 마냥 기분 좋은 일이 아니었을 것이다. 게다가 병자호란 때 홍타이지가 "만일 그대(인조)에게 무슨 일이 발생한다면 짐이 인질로 삼은 아들(소현 세자)을 왕으로 세울 것이다"라는 말을 남긴 것은 아버지와 아들 사이를 갈라놓는 갈등의 씨앗이 되었다. 청나라에서 소현 세자의 위신이 높아질수록 인조는 폐위당할지도 모른다는 불안감을 품었다.

그래서 소현 세자와 강 빈의 귀국 소식에 인조의 반응은 차가울 수밖에 없었다. 인조뿐 아니라 조선 조정의 대신들에게 소현 세자는 눈엣가시였다. 병자호란에서 패배한 후에도 조선 조정에서는 청을 강대국으로 보지 않고 여전히 오랑캐로 생각했는데, 소현 세자는 청의 문화를 적극적으로 수용하려는 입장을 갖고 있었기 때문이다.

그런데 우연의 일치인지 귀국하고 두 달 만에 소현 세자가 갑자기 죽음을 맞는다. 《인조실록》의 기록에서조차 독살로 의심된다고 할 정도로 의문스러운 죽음이었다. 그러나 인조는 아들의 죽음에 대한 진상 조사를 덮어 둔 채 소현 세자의 아들인 원손이 아닌 둘째 아들 봉림 대군, 즉 소현 세자의 동생에게 왕위를 물려준다. 봉림 대군은 소현 세자와 함께 청에 인질로 잡혀갔으나 잦은 전쟁에 동원되어 크게 고생하는 바람에 청에 원한을 품고 있었다.

해야 할 말은 반드시 해야 하는 강직한 성격을 가진 강 빈은 원손이 세자가 되지 못한 것을 두고 인조에게 항의했다. 그러자 인조는 그녀의 형제 네 명을 귀양 보냈으며, 그중 두 명은 곤장을 맞고 죽었다. 강 빈이 또다시 항의하자, 인조는 아예 강 빈을 궁궐 후원에 가두고 말았다. 당시 강 빈은 임신한 상태였는데 아무런 보살핌도 받지 못하여 결국 아이를 사산했다.

1646년 1월 인조의 수라상에 오른 전복 구이에서 독이 발견되는 사건이 발생한다. 조사 결과 배후에 강 빈이 있다는 진술이 나오자 인조는 강 빈을 역적으로 몰아 궁궐에서 쫓아냈다. 그렇게 한 뒤에도 화가 풀리지 않은 인조는 많은 신하의 반대에도 사약까지 내려 며느리를 죽음으로 내몰았다.

시대를 앞서 나간 여성의 죽음이자 조선 역사의 슬픈 장면이다. 한편 소현 세자의 두 아들은 제주도로 유배 간 뒤 풍토병에 걸려 사망했다. 이로써 조선에서는 가장 강력한 친청 세력이 사라져 버렸다.

북벌을 꿈꾼 효종

소현 세자의 동생 봉림 대군이 인조의 뒤를 이어 효종이 되었다. 이 시기에 청을 정벌하여 병자호란의 치욕을 씻고 명에 대한 의리를 지키자는 북벌론이 등장했다. 효종은 즉위 후 중앙군을 강화하고, 수도와 지방 요충지의 방어력을 키우는 등 군사력 정비에 힘썼다. 이 무렵 조선에 표류해 온 네덜란드인 벨테브레이와 하멜 등의 도움을 받아 조총과 화포를 개량했다.

이러한 상황 속에서 러시아인들이 헤이룽강(흑룡강) 방면의 풍부한 자원을 탐내 청은 영토 분쟁을 겪었다. 이때 청의 주력 군대는 남쪽의 명나라 잔존 세력과 전투를 벌이고 있었다. 북쪽에 있는 병력의 전투력은 상대적으로 약해 러시아군과의 전투에서 번번이 패배했다. 결국 청은 조선에 군대를 보내 달라고 요구했다. 이에 효종은 1654년과 1658년 두 차례에 걸쳐 조총병을 보내 러시아군을 몰아내는 데 큰 역할을 했다. 이것을 '나선 정벌'이라고 부른다.

효종의 북벌 운동으로 조선의 군사력은 확실하게 강해졌다. 그러나 아직 강성한 청을 정벌하기에는 미약하기에 현실적으로 북벌은 불가능한 일이었다. 더군다나 두 차례나 호란을 겪은 마당에 전쟁을 준비한다고 하니 백성의 원망이 높아졌다. 더불어 청이 중국을 통일하고 안정기에 접어들자, 강압적이던 조선에 대한 태도가 우호적으로 바뀌었다. 여러 이유로 어려운 상황에서도 효종은 북벌을 계속 추진하려고 했다. 그러나 즉위한 지 10년 만인 마흔한 살에 갑자기 사망함으로써 북벌 운동은 중단되고 말았다.

러시아인을 두려움에 떨게 한 '큰 머리 사람들'

조선이 처음으로 서양과 충돌한 사건을 들라고 하면 1866년에 일어난 병인양요를 떠올린다. 하지만 그보다 210여 년 전에 조선과 러시아가 충돌한 사건이 있었으니 그것이 바로 효종 때 일어난 나선 정벌이다.

17세기 중엽 러시아는 동진을 마치고 세력을 넓히기 위해 남하하기 시작했다. 그러다 헤이룽강 부근에서 청나라와 분쟁을 겪었다. 청은 명나라의 잔여 세력을 진압하기 위해 주력 군대를 남쪽으로 보내 놓은 상태였다. 그래서 러시아군과 충돌할 때마다 패하고 말았다. 이에 청은 1654년 러시아에 대항해 함께 싸울 지원 병력을 조선에 요구했고, 효종은 함경도 지역의 조총병과 지원 병력 150여 명을 파견했다.

조선과 청의 연합군은 쑹화강(송화강) 유역에서 러시아군과 맞닥뜨렸다. 주력군인 청군은 러시아군과 정면 대결을 펼쳤으나 곧 후퇴했다. 이때 조선군 조총병이 불을 뿜어냈다. 기록에 따르면 당시 러시아인들은 '큰 머리 사람'의 총격을 두려워했다고 한다. 조선군을 그렇게 표현한 이유는 아마도 전립(무관이 쓰는 모자)을 쓴 까닭에 머리 부분이 커 보였기 때문일 것이다.

조선의 총기 성능이 월등히 뛰어난 것이 아니라 전술적 차이가 컸다. 당시 유럽에서는 여러 명이 한 지점을 향해 일제히 사격해 상대를 제압한 반면, 조선군은 병사들이 각각 목표물을 선택하여 조준 사격을 했다. 이를테면 조선의 조총병 모두가 저격수였던 것이다.

적을 완전히 몰아낸 승리는 아니어서 다시금 충돌이 발생했다. 청은 1658년 재차 조선에 구원병을 요청했고, 조선은 전에 비해 두 배에 달하는 병력을 파견했다. 청군도 병력을 증강했으므로 누가 보아도 쉽게 끝날 수 있는 싸움이었다. 그러나 청의 사령관이 적의 함선을 침몰시키지 말고 전리품으로 챙겨야 한다고 주장하여 싸움이 길어진 탓에 양측의 인명 피해가 커졌다. 조선군에서도 사상자가 발생할 수밖에 없었다.

러시아군은 지휘관이 죽고 주 병력이 궤멸당해 다시는 침략할수 없게 되었다. 그 결과 1689년 러시아와 청 사이에 네르친스크 조약이 체결되어 국경이 형성되고 이 지역에는 170년 가까이 평화가 이어졌다.

조선에 표류한 하멜은 왜 탈출했을까?

요즘은 자신의 의사에 따라 외국에서 취업을 하거나 아예 이민을 가는 일이 드물지도 않고 신기한 일도 아니며, 원하기만 하면 영상 통화로 매일같이 가족과 친구를 만나고 이야기할 수 있다. 그러나 지금으로부터 370년 전 서양 사람이 사고로 어쩔 수 없이 이름조차 모르는 조선이라는 나라에서 살게 되었다면 그들은 어떤 마음이었을까?

제주도에서 만난 두 네덜란드인

1653년(효종 4년) 여름 네덜란드를 떠나 인도네시아와 타이완

(대만)을 거쳐 일본 나가사키로 향하던 네덜란드 동인도 회사 소속의 배 스페르베르호가 거센 폭풍우를 만나 침몰했다. 날이 밝은 뒤 해안가에는 목숨을 건진 사람들이 여기저기 쓰러져 있었는데 모두 36명이었고, 그중에는 스물세 살 난 청년 헨드릭 하멜이 있었다. 그들이 표착한 곳은 제주도다. 며칠 후 그들을 발견한 제주도의 지방관이 임시로 머무를 집을 제공해 주고 조정에 보고했다.

"이 사람들은 눈이 파랗고, 코가 높고, 머리가 노랗고, 수염이 짧습니다. 혹 구레나룻은 깎고 콧수염을 남긴 자도 있었습니다. 머리를 풀어 산발하고 여인들이나 입는 알록달록하고 치렁치렁한 옷을 입은 것이 우리와는 풍습이 크게 다른 것 같습니다."(효종 4년 제주 목사 이원진의 장계)

조정에서는 두 달 후 통역과 조사를 겸하여 박연을 제주도로 보냈다. 박연은 네덜란드 사람으로 본명은 얀 야너스 벨테브레이로서, 그는 1628년(인조 5년) 동인도 회사 소속 배 우베르케르크호를 타고 일본으로 가던 중 태풍에 밀려 제주도 인근에 도착했다. 그는 물과 식량을 구하려고 동료 두 명과 해안가에 상륙했다가 조선인 관리에게 붙잡혀 한양으로 호송되었는데, 이후 조선에 귀화하여 무기를 제조하는 일을 담당했다. 1636년 병자호란 때 전쟁에 참여했다가 박연을 제외한 두 동료는 사망했다. 그 뒤 박연은 중국에서 들여온 화포의 제조법과 조작법을 조선군에게 지도하는 일을 했다.

그런데 조선에 정착한 지 26년 만에 고국 네덜란드의 동포들을 만난 박연은 하멜 일행을 보고 한마디도 하지 못했다. 네덜란드 말을 까먹었기 때문이다. 박연은 하멜 일행과 함께 시간을 보내며 네덜란드어를 기억해 내 더듬더듬 대화를 나눌 수 있었다. 모국어조차 잊고 오랜 세월 조선에서 살고 있는 박연을 만난 하멜 일행은 어떤 심정이었을까. 자신들과 의사소통을 할 수 있는 사람을 만났다는 안도감과 함께, 박연처럼 모국어를 잊어버릴 정도로 조선에서 평생을 지내게 될지도 모른다는 생각에 착잡함을 느끼지 않았을까.

하멜의 힘겨운 조선 생활

하멜 일행은 고국으로 돌아가기 위해 제주도를 탈출해 일본으로 가려고 여러 차례 시도했다. 당시 일본 나가사키에는 네덜란드인들이 머무르며 교역하고 있었다. 하멜 일행은 배를 훔쳐 도망가기로 하고 야밤에 해안가에 정박되어 있는 배로 다가갔다. 그러나 실패였다. 배 근처에 있던 개가 짖으며 쫓아와 그 모습을 발견한 포졸들에게 붙잡힌 것이다. 곤장 25대를 맞은 뒤 10개월간 감금당한 하멜 일행은 한양으로 압송되었다.

한양에서 효종을 만난 하멜은 "우리는 폭풍으로 배를 잃고 떠

내려 온 사람들입니다. 우리를 일본으로 보내 주면 그곳에 있는 네덜란드 사람들과 만나 우리 나라로 돌아가겠습니다"라고 청했다. 하지만 효종은 "한번 조선에 들어온 외국인을 내보내는 것은 조선의 풍습이 아니다. 생활에 필요한 것들을 지원해 줄 테니 박연처럼 남은 생애를 이곳에서 보내도록 하라"라며 거절했다. 효종이 그들의 송환을 거부한 이유는 병자호란 후 청나라를 정벌하겠다는 북벌 운동을 추진하기 위해 군사력을 강화하고 있는 터라, 박연이나 하멜 같은 표류민을 통해 서양의 발전된 무기를 얻을 수 있을 것으로 생각했기 때문이다.

그런데 한양에서의 삶은 여의치 않았다. 하멜 일행은 장안의 화젯거리여서 양반들은 이들을 불러 음식을 주고는 노래를 시키거나 뛰어난 사격 솜씨를 구경했다. 특히 이들이 물을 마실 때는 코를 뒤로 젖히고 마신다는 소문이 퍼져 있어 하멜 일행이 나타나면 아이들이 구름처럼 몰려들었다. 이역만리 타국에 와서 공연을 하며 구경거리가 된 신세를 한탄하던 하멜 일행은 청나라 사신이 지나가는 행렬에 뛰어들어 고국으로 돌려보내 달라고 간청했다. 입장이 난처해진 조정에서는 그들을 처형하려고 했으나 다행히 극형은 면하고 전라남도 강진으로 유배를 갔다.

강진으로 유배당한 하멜 일행은 철저한 감시를 받으며 생활했는데, 그때 조선에는 흉년이 들어 먹을 것이 부족했다. 배고픔에 지친 하멜 일행은 스님이 목탁을 두드리며 시주를 받는 것을 보고 흉내 내어 구걸 행위를 하며 근근이 버텼다. 그렇게 10년이 넘는 세월이 흘렀다. 그들이 머무르는 동안 조선에는 흉년이 자주 발생했고, 생활에 어려움을 겪고 있는 하멜 일행은 다시 한번 탈출을 시도한다.

조선에서 탈출한 하멜, 《하멜 표류기》를 쓰다

1666년(현종 7년) 하멜을 포함한 동료 8명은 함께 배를 구해 일본으로 가는 데 성공한다. 그들은 나가사키에 머물고 있는 네덜란드의 동인도 회사를 통해 일본 막부를 움직였다. 하멜이 탈출한 이듬해 석방 교섭이 완료되어 조선에 남아 있는 동료들도 모두 석방되어 1668년 네덜란드에 귀국했다. 출발할 때 64명이던 선원 중 제주도에 표류한 이는 36명이었고 그중에서 끝까지 살아남아 네덜란드로 돌아간 인원은 16명에 불과했다.

그런데 하멜에게는 남아 있는 숙제가 있었다. 조선 억류 기간 동안 받지 못한 임금을 동인도 회사로부터 받아야 했다. 그를 위해 하멜은 펜을 들어 13년간의 일을 낱낱이 적어 책으로 펴냈다. 《하멜 표류기》의 탄생이다. 이 책은 출판되자마자 네덜란드를 비롯한 유럽에서 선풍적인 인기를 얻었고, 그동안 전혀 알려지지 않은 '조선'이라는 나라가 유럽에 알려지게 되었다.

제주도 서귀포에 있는 하멜 기념비. 배가 난파하여 제주도에 닿아 어쩔 수 없이 조선에 살았던 네덜란드인 하멜은 서양에 우리나라를 최초로 알린 사람이 되었다(그림 2).

하멜은 밀린 임금을 정산받고 평생 독신으로 살다가 1692년 사망했다. 한편 《하멜 표류기》는 1934년 《진단학보》에 번역되어 우리나라에 알려졌다. 이후 여러 차례 번역본이 출간되었고, 현재 효종에서 현종에 이르는 시기 외국인의 눈으로 바라본 조선 시대의 모습을 확인할 수 있는 귀중한 사료로서 그 역할을 다하고 있다.

1980년 우리나라와 네덜란드는 양국의 우호 증진을 위해 하멜이 처음으로 표착한 지점으로 예상되는 곳에 하멜 기념비를 세우고, 그곳에 네덜란드의 항해용 선박을 재현하여 현재 하멜 기념관으로 운영하고 있다.

우리에게는 '문순득 표류기'가 있다!

    전라도 신안군 우이도(소흑산도라고도 부른다)에 사는 문순득은 서남해의 특산품 홍어를 사다가 나주 영산포에 내다 파는 상인이었다. 문순득은 스물다섯 살 때인 1801년 12월 흑산도 인근 태도에서 홍어를 사서 돌아오다가 풍랑을 만나 일본 류큐(지금의 오키나와)까지 떠밀려 갔다. 다행히 현지인들은 문순득 일행에게 매일 쌀과 채소를 주고 하루걸러 돼지고기를 제공했으며, 병이 들면 의원이 와서 진찰해 주는 등 융숭하게 대접했다.

    "류큐에서는 음식을 먹을 때 젓가락으로 반찬을 집어서 손바닥에 올려놓고 입으로 빨아먹는데 젓가락을 입에 넣는 것은 더러운 것으로 여기기 때문이다."《문순득 표류기》

    8개월 동안 류큐에서 생활한 문순득 일행은 중국으로 가는 류큐의 조공선을 타고 중국을 거쳐 조선으로 돌아가려고 계획했으나, 중국으로 가는 길에 또 한 번 풍랑을 만난다. 그래서 도착한 곳이 바로 필리핀이다.

    "여송(필리핀)에서는 남자가 밥을 짓고, 귀족은 숟가락과 세

끝이 뾰족한 젓가락(포크)으로 음식을 먹는다."《문순득 표류기》

문순득은 필리핀에 체류한 지 여덟 달 만인 1803년 8월 상선을 타고 마카오에 도착해 광둥을 거쳐 난징에 이르렀다. 1804년 베이징에 다다라서야 어렵게 조선 관료를 만나 귀국 길에 오른 그는 1805년 1월, 3년 2개월 만에 드디어 집으로 돌아왔다.

문순득은 글을 배우지 못했으나 총명하고 입담이 좋아 그의 표류 이야기는 곧 주변 사람들을 통해 퍼져 나갔다. 그러던 중 홍어를 거래하기 위해 흑산도에 들렀다가 흑산도에 유배 온 정약전을 만났다. 그리고 문순득은 정약전에게 풍랑을 만나 표류하며 보고 들은 바를 전해 주었고, 정약전은 문순득의 체험담을 날짜별로 기록한《표해시말》이라는 책을 쓴다. 이 책에는 필리핀 귀족과 현지의 성당, 서구 문물은 물론이고 류큐의 궁궐, 의복, 선박, 토산물 등에 대한 묘사가 상세히 담겨 있다. 게다가 책 말미에는 112개 단어를 류큐어, 필리핀어로 번역해 실었다. 우리나라 최초의 동아시아 비교 문화 연구서라고 해도 손색이 없을 정도다.

한편 외국인 다섯 명이 제주도에 표류해 온 일이 있었다. 조선 조정에서는 이들과 말이 통하지 않아 어느 나라에서 온 사람들인지 알 길이 없었다. 그렇게 이들이 9년이나 제주도에 머무르고 있었는데, 사정을 들은 문순득이 그들을 만나 보고는 필리핀

조선

의주

베이징

흑산도

일본

중국

난징

류큐
(오키나와)

마카오

살로마그

비간

필리핀

사람이라는 것을 알아냈다. 표류 당시 배운 필리핀어로 문순득이 말을 걸자, 그들은 드디어 집에 갈 수 있게 되었다며 대성통곡했다고 한다. 그들이 귀향한 사실은 《순조실록》에 기록되어 전해진다.

문순득은 한국사 최초의 필리핀어 통역사인 셈이다. 이에 조정에서는 그의 공을 치하하여 종2품(정1품부터 정3품까지는 당상관이라고 하여 고위직에 해당) 벼슬을 하사했다고 한다. 그 뒤 문순득은 천수를 누리다 1847년 세상을 떠났다.

명이 멸망하고 중국을 차지한 청

여진족이 세운 후금이 명을 공격한 이래 1644년 명나라가 이자성의 난으로 멸망하고 후금을 계승한 청나라가 중국을 완전히 장악할 때까지를 명·청 교체기라고 한다. 명·청 교체기에는 명나라의 약화와 청나라의 강화라는 흐름이 교차한다.

명나라는 시간이 지나면서 환관들이 정치에 참여했다. 이는 황제 권력의 약화로 이어지고 정치와 사회가 크게 흔들렸다. 환관의 권유로 몽골 정벌을 위해 직접 군대를 이끌고 나선 황제가 토목이라는 곳에서 오히려 포로가 되는 사건(토목의 변)이 발생하는가 하면, 계속되는 몽골의 침략과 국경 지역의 반란으로 명나라의 북쪽 국경 지역은 잠잠할 날이 없을 지경이었다.

명나라가 이렇게 쇠약해지자, 남쪽에서는 왜구가 크게 날뛰었다. 이 시기에 북쪽은 몽골의 침입으로, 남쪽은 왜구의 침입으로 벌어진 혼란을 가리키는 '북로남왜'라는 말이 생길 정도로 명의 국력은 점차 그 기운을 다해 가고 있었다. 여기에 가해진 마지막 결정타가 임진왜란이다. 조선에 군대를 파견하며 엄청난 돈이

들었고, 이 경제적 부담으로 농민들의 불만은 반란으로 이어졌다.

과거에 여진족이 세운 금나라에게 송나라와 고려가 굴복하는 것을 지켜본 경험 때문에 명나라와 조선은 여진족이 강해지는 것을 저지하려고 노력했다. 임진왜란 이전에 이미 누르하치가 여진족을 통일했지만 임진왜란으로 명과 조선은 여진족을 견제하지 못했다. 임진왜란이 끝난 얼마 후 누르하치는 마침내 후금을 세워 조선과 명나라를 긴장하게 만들었다.

뒤늦게 여진족 견제에 나선 명나라가 후금과의 전투에 들어가고 조선도 명의 요구에 군사를 보냈지만 전쟁에 패했다. 줄곧 이어지는 전쟁에 들어가는 막대한 돈을 세금으로 내고 있는 농민들의 불만이 마침내 폭발하여 1631년 이자성의 난이 일어났다. 밖으로는 청나라 군대를 막아 내기 버겁고, 안으로는 반란을 진압하기가 힘들었다. 결국 이자성의 반란군에 베이징이 함락되어 명은 멸망했으며, 청나라 군대가 반란군을 손쉽게 몰아내고 다른 지역의 저항을 잠재우면서 1662년 청나라는 중국을 완전히 차지하게 되었다.

효종은 맏아들일까, 둘째 아들일까?

세자는 본국에 돌아온 지 얼마 안 되어 병을 얻었고 병이 난 지 수일 만에 죽었는데, 온몸이 검은빛이고 이목구비의 일곱 구멍에서는 모두 붉은 피가 흘러나오므로, 검은 천으로 그 얼굴 반쪽만 덮어 놓았으나, 곁에 있는 사람도 그 얼굴빛을 알아볼 수 없어서 마치 약물에 중독되어 죽은 사람과 같았다. 그런데 이 사실을 외부인들은 아는 자가 없었고, 임금님도 알지 못했다.

—《인조실록》

병자호란 후 인질로 청나라에 잡혀갔던 소현 세자는 8년 만에 어렵게 고국 땅으로 돌아왔다. 꿈에 그리던 고국이건만 아버지 인조는 반기기는커녕 왠지 냉랭했다. 까닭을 알 수 없던 세자는 두 달 만에 몸져누웠다. 최고 명의들이 달려들었으나 누구도 세자의 병을 고칠 수 없었다. 서른네 살 나이로 세자는 세상을 떠났다. 《인조실록》에서는 세상을 떠날 때 소현 세자의 모습을 앞의 글과 같이 전하고 있어서 소현 세자가 독살되었다는 이야기가 있지만 아무것도 밝혀진 바는 없다.

앞에서 이미 이야기했듯이 소현 세자가 죽은 후 세자 자리는 소현 세자의 맏아들에게 전해야 마땅한데, 인조는 소현 세자의 동생 봉림 대군을 세자로 정했다. 이것이 훗날 일어나는 예송 논쟁의 원인이 된다.

예종 논쟁을 불러온 효종의 죽음

인조의 뒤를 이어 봉림 대군이 왕위에 올라 효종이 되었다. 왕위에 오르고 10년 뒤 효종이 세상을 떠났다. 마흔한 살이라는 젊은 나이였다. 얼굴에 난 종기로 고생한 효종은 치료를 위해 침을 맞았는데, 침을 놓은 자리에서 피가 멈추지 않았다. 서둘러 응급 조치를 취했지만 효종은 다시 깨어나지 못했다. 효종의 승하와 더불어 그가 밤낮을 가리지 않고 밀어붙인 북벌의 꿈도 무너지고 말았다.

그뿐이 아니다. 효종의 죽음은 조선 역사에서 그 예를 찾아볼 수 없는 상복 논쟁을 일으켰다. 예송은 '예절에 관한 논쟁'이라는 뜻이다. 효종의 어머니가 상복을 입어야 하는 기간을 두고 일어난 치열한 이 논쟁을 두고 역사에서는 '예송 논쟁'이라고 부른다. 임금의 어머니가 상복을 입는 기간이 왜 그토록 중요한 일이었을까? 임금이 세상을 떠난 마당에, 다른 중요한 일도 많은 그 시기에 조선 최고의 관리들은 상복 입는 기간을 둘러싸고 왜 그렇게 맹렬하게 다투었을까?

제1차 예송 논쟁

효종은 인조의 맏아들일까, 아니면 둘째 아들일까? 인조의 뒤를 이은 효종에게는 형 소현 세자가 있었으니 당연히 인조의 둘째 아들이나, 왕위는 맏아들이 계승하는 것이 원칙이니 왕위를 물려받은 효종이 맏아들 역할을 했다고 생각할 수도 있었다. 이처럼 예송 논쟁의 뿌리는 소현 세자의 죽음과 소현 세자의 아들이 있음에도 이를 무시하고 효종에게 왕위를 물려준 인조의 결정에서 비롯되었다.

서인은 이미 세상을 떠난 소현 세자가 엄연히 인조의 첫째 아들이므로 효종을 둘째라 보았다. 따라서 효종의 어머니 자의 대비는 1년 동안만 상복을 입으면 된다고 주장했다. 반면 남인은 효종이 왕위를 이어받았으니 첫째 아들로 인정해야 한다고 생각했다. 따라서 자의 대비는 3년 동안 상복을 입어야 한다고 주장했다.

서인의 주장은 왕실과 일반 사대부가 다를 게 없다는 것이고, 남인의 주장은 반대로 왕실은 일반 사대부 집안과 다르게 판단해야 한다는 것이다. 서인과 남인은 서로를 비난하며 한 치의 양보도 없이 자신들의 주장을 밀어붙였다. 결국 서인이 제1차 예송 논쟁에서 승리를 거두었고, 남인은 모두 귀양 가거나 관직에서 쫓겨났다.

제2차 예송 논쟁

제1차 예송 논쟁이 있은 지 15년 후 효종의 부인이 세상을 떠났다. 이번에는 효종의 부인이 둘째 아들의 부인이냐, 맏아들의 부인이냐를 둘러싸고 대립했다. 죽은 사람이 효종에서 효종의 부인으로 바뀌었을 뿐, 15년 전 제1차 예송 논쟁과 똑같은 논리와 주장으로 서인과 남인은 다시 대립했다.

왕위에 오르고 15년이 된 현종은 자신의 아버지 효종의 정통성을 주장하는 남인의 손을 들어 주었다. 그러자 제1차 예송 논쟁 때와는 반대로 서인들이 쫓겨난 관직에 남인들이 들어와 권력을 차지했다.

예송 논쟁으로 격해지는 권력 다툼

임진왜란과 두 차례의 호란을 겪으면서 양반 중심의 조선 사회는 크게 흔들렸다. 이런 위기의 시대에 양반들은 성리학을 중심으로 한 사회 질서를 더욱 강화하면서 양반 중심의 사회를 지키고자 했다. 이 과정에서 강조된 것이 예절이다. 중국인이 세운 명나라마저 망하고 없는 세상에서 조선은 유교를 지킬 수 있는 유일한 나라라고 생각하여 유교 예절은 반드시 지켜야 할 소중한 가치였다.

이 같은 사회 분위기에서 상복 입는 기간은 대충 넘어갈 수 없는 중요한 일이어서 예송 논쟁이 발생한 것이다. 양반 등 지배층은 왜란과 호란이라는 큰 전쟁 이후 하루하루 힘들게 살고 있는 백성들의 배고픔을 해결해야 했다. 하지만 그와 거리가 먼 예송 논쟁은 일반 백성에게 아무 의미 없는 논쟁이자 권력을 둘러싼 서인과 남인의 다툼일 뿐이었다.

한 차례씩 승리를 거두기는 했지만, 이 사건 이후 서인과 남인은 상대방을 원수 보듯이 하게 되었다. 서로 다른 붕당이 선의의 경쟁을 벌이며 이루어지는 붕당 정치의 긍정적인 모습은 점차 사라지고 서인과 남인의 권력 싸움은 점차 격심해져 갔다.

임금님을 저세상으로 보내 드리는 예법

오늘날에는 사람이 세상을 떠나면 그날로부터 3~5일에 걸쳐 정든 사람을 떠나보내는 절차를 진행한다. 조선 시대 최고 권력자 국왕이 세상을 떠나면 신하들은 어떻게 국왕의 장례를 치렀을까?

조선 시대에는 국왕이든 일반인이든 부모님이 돌아가시면 누구나 3년에 걸쳐 상례(상중에 지켜야 하는 예절)를 진행했다. 국왕은 세상을 떠난 지 5개월 후 땅에 묻혔다. 하지만 상복을 벗고 일상생활로 돌아가기까지는 3년, 정확하게는 27개월이 걸렸으며, 일반인의 장례와는 달리 매우 복잡하고 까다로운 순서에 따라 진행되었다. 왕이 돌아가신 후부터 삼년상을 마치고 장례가 끝나기까지의 절차는 무려 60여 가지나 된다. 그중 흥미로운 몇 가지를 요약해 본다.

① 고명(유언 듣기) '유조'라고도 한다. 죽음이 임박하면 왕세자와 대신들을 불러 왕이 유언을 전하는데, 말로 전하거나 왕의

말을 대신이 받아 적어 문서로 만들기도 한다.

② 초종(사망 확인) 왕이 사망하면 내시가 솜을 왕의 입과 코 사이에 얹어 솜이 움직이는지를 본다. 움직임이 없으면 숨이 끊어졌다고 보고 모두 울면서〔곡〕 왕의 죽음을 슬퍼한다.

③ 초혼(혼 불러 세우기) 죽음이 확인되면 내시 한 명이 서둘러 지붕으로 올라가 왕이 평소 입던 웃옷을 흔들며 '상위복'을 세 번 외친다. 떠나가던 왕의 영혼이 자신의 냄새가 밴 옷을 보고 돌아오도록 불러들이는 것이다. 옷을 아래로 던지면 아래에서는 그 옷을 받아 왕의 시신을 덮는다.

④ 장례 진행을 위한 각종 기관 설치 국장을 도맡아 진행하는 국장도감, 조문객을 받기 위한 빈전도감, 묘를 만들기 위한 산릉도감 등이 설치되어 국장을 준비한다.

⑤ 습(목욕과 수의 입히기) 시신의 머리와 몸을 깨끗이 씻기고 새 의복으로 갈아입힌다. 그 후 곤룡포와 바지, 버선 등을 준비해 수의를 입힌다. 여러 차례에 나누어 입히는데 최종적으로 관에 들어갈 때는 90벌에 달하는 수의를 입힌다고 한다.

⑥ 함 시신의 입에 쌀과 구슬을 채우는데, 이는 돌아가신 왕이 저승까지 갈 동안에 먹을 식량을 준다는 의미다.

⑦ 설빙(시신 부패 방지) 일반인과 달리 몇 개월에 걸쳐 장례가 이루어지기 때문에 시신의 부패를 막기 위해 얼음을 시신 밑에

고명

초종

설빙

초혼

발인

깔아 놓는다.

⑧ 사위(왕위 계승) 모두가 상복을 입은 다음 날 왕세자가 왕위에 오른다. 왕이 사망한 다음 달에는 새 왕이 돌아가신 전 왕의 묘호, 능의 이름, 시호 등을 정한다. 우리가 알고 있는 세종, 영조 같은 국왕의 이름은 이때 업적에 따라 지어진 것이다.

⑨ 발인(국왕의 관이 궁궐을 떠남) 국왕의 관이 궁궐을 떠나 매장 장소로 이동하여 관을 매장하고 장례를 치른다.

이런 과정을 거치고 나면 임시로 만든 신주를 모시고 삼년상을 치른 후 임시 신주를 종묘에 묻은 다음 새 신주를 만들어 종묘에 모시는 것으로 국장의 모든 절차가 끝났다고 한다.

능과 묘에는 누가 묻히는 것일까?

조선 시대는 모든 것이 신분에 따라 나뉘는 사회였다. 아무리 양반이라도 집의 크기는 99칸을 넘지 못하고 대군은 60칸, 공주는 50칸, 일반 백성은 10칸으로 제한되어 있었다. 사실 신분의 차이가 가장 극명하게 나타나는 것은 의생활이어서 양반과 중인만 갓을 쓸 수 있었고, 그나마 중인의 갓은 크기가 작았다. 또 양반은 가죽신을 신을 수 있지만 다른 계층은 짚신과 나막신을 주로 신었다. 무덤도 예외는 아니어서 신분에 따라 그 규모가 정해져 있었다.

왕실의 일원이 세상을 떠나 묻히는 무덤을 부르는 이름마저 지위에 따라 구분해 불렀다. 우리에게 익숙한 '능'이라는 것은 왕이나 왕비의 무덤에 붙이는 것으로, 왕과 왕비를 따로 모시거나 함께 모시는 등 형태가 다양하다. 또 동구릉, 서오릉처럼 능이 여럿 모여 있는 경우도 있다. 서울과 그 주변에는 태릉, 정릉, 선릉 등 왕릉에서 유래한 지명이 많다.

왕과 왕비가 되지 못하고 세상을 떠난 세자와 세자의 부인인

44

유네스코 세계 문화유산인 동구릉. 제24대 헌종의 경릉이 아홉 번째로 들어서면서 동구릉으로 불리게 되었고 제1대 태조의 건원릉, 제5대 문종과 그 왕후의 현릉 등이 있다. 왕실의 무덤은 궁에서 100리를 넘지 않아야 한다는 규정에 따라 모두 서울 외곽 또는 경기도 일대에 있으나 유배지에서 죽은 단종의 장릉만 강원도에 있다(그림 3).

제22대 정조의 후궁이자 제23대 순조의 어머니 수빈 박 씨의 묘 휘경원. 본디 지금의 서울시 휘경동에 위치했으나 철종 시기 1863년 현재의 남양주로 옮겼다(그림 4).

세자빈, 왕을 낳은 후궁이 묻히는 곳은 '원'이라 불렀다. 잘 알려지지 않았지만 정조의 맏아들이 묻힌 효창원, 순조의 어머니가 묻힌 휘경원 등이 있다. 이 역시 효창공원, 휘경동과 같이 오늘날의 지명으로 이어지고 있다. 또 대군, 공주, 옹주, 후궁의 무덤은 특별한 명칭 없이 '묘'라고 불렀다. 그리고 묘는 양반을 포함한 모든 계층의 무덤에 붙였다. 이제 대한민국에서는 왕과 왕비, 세자와 세자빈이 나올 일이 없으니 더 이상 능이 생길 수는 없다.

제2장

조선,
다시금 번영을 이루다

조선 최초 궁녀 출신 왕비 장 희빈은 왜 사약을 받았을까?

서오릉에 가면 숙종과 그 부인들의 무덤을 볼 수 있다. 숙종이 사랑한 왕비 중 과연 누가 그 옆에 묻혔을까?

미나리와 장다리

김만중의 유명한 한글 소설 〈사씨남정기〉의 줄거리는 다음과 같다. 명나라 한림 학사 유연수가 첩을 들였는데 그 첩이 본처 사 씨를 모함하여 쫓아낸다. 그 뒤 첩이 다른 남자를 끌어들여 유 한 림을 패가망신시켜 쫓아내자 유 한림은 사 씨를 만나 죄를 씻고 원래 살던 집으로 돌아온다. 그리고 첩에게 엄벌을 내린 뒤 사 씨와 함께 잘살게 된다.

〈사씨남정기〉는 숙종과 장 희빈·인현 왕후의 일을 풍자한 이야기인데, 이 때문인지 김만중은 장 희빈(본명 장옥정)의 지지 세력 남인의 정치 보복으로 유배되었다.

당시 백성들이 지어 불렀다는 〈미나리요〉의 "미나리는 사철이요, 장다리는 한 철이라……"라는 노랫말 또한 비슷한 의미를 담고 있다. 사철 내내 살아남는 미나리는 중전 인현 왕후를, 한 철만 살고 시드는 장다리는 장 희빈을 빗대어 결국 인현 왕후가 이길 것이라는 내용이다.

출궁에서 재입궁까지, 후궁에서 왕후로

장 희빈 집안은 대대로 역관을 지냈으며, 특히 외할머니 변 씨는 조선 최고의 갑부 역관으로 유명하여 소설 〈허생전〉에 모델로 등장한 변 부자 가문의 딸이었다. 외삼촌은 시전(조선 시대의 상설 시장)의 거부였으며, 당숙 장현은 무역에 종사해 국중 거부라고 불릴 정도로 큰 재산을 모으고 종1품 숭록대부까지 오른 인물이다. 거기에 장현 형제의 자식들은 대부분 무관 및 역관, 의관으로 고위직에 있었다.

장 희빈의 일족이 조선에서 손꼽히는 대부호이고 사회적 위치 또한 결코 떨어지지 않았음을 알 수 있는 부분이다. 물론 양반 사대부 명문가의 여식은 아니지만 잘나가는 외교관, 재벌가 가문의 따님은 되었다는 소리다.

《숙종실록》의 내용을 보면 장옥정은 열 살 전후에 나인으로 입궁한 것으로 보인다. 이후 인조의 계비(임금이 두 번째로 장가들어 맞아들인 왕비) 자의 대비의 수발을 드는 궁녀로서 생활했다. 숙종의 첫 번째 왕비 인경 왕후가 승하한 후 숙종의 총애를 받기 시작하니 이때가 1680년경이다.

1680년(숙종 6년) 남인의 역모(남인의 우두머리 허적의 서자 허견이 꾸민 반역 사건)가 적발되면서 발생한 경신환국으로 서인이 남인을 밀어내고 집권하자 장옥정은 궁에서 쫓겨난다. 대비 명성 왕후(숙종의 어머니)는 장옥정과 연결되어 남인이 진출할 수 있다고 판단해 그녀를 내쫓은 것이다. 그리고 이듬해 1681년 대표적인 서인 가문 여흥 민씨 출신 인현 왕후가 계비로 책봉되었다.

하지만 숙종은 장옥정을 잊지 못하고 1686년 초 장옥정을 궁으로 다시 불러들였다. 2년 후 그녀는 당시로서는 꽤 늦은 나이인 스물아홉 살(장옥정은 인현 왕후보다 여덟 살 위였다)에 고대하던 왕자 윤(제20대 왕 경종)을 낳았다. 숙종은 서둘러 왕자 윤을 후계자로 정하고 생모 장옥정을 후궁의 최고 지위인 희빈으로 삼았다.

숙종의 이 조치는 집권 세력 서인의 엄청난 반발을 불러왔다. 아직 인현 왕후의 나이는 20대 초반으로 얼마든지 임신을 할 수 있기에 후계자 선정이 너무 성급하다는 것이었다. 숙종은 서인의 정신적 지주 송시열을 귀양 보내는 것으로도 모자라 사약을 내리는 강경책으로 본인의 의사를 관철했다. 이후 서인은 남인에게 밀리고 인현 왕후는 궁 밖으로 내쳐졌으며, 장 희빈은 왕비 자리에 올랐다. 이것을 기사환국이라 한다. 빼어난 미모와 영리한 처신으로 임금의 마음을 사로잡아 일개 궁녀 신분에서 왕비의 자리에 오른 것이다. 이듬해 윤은 왕세자로 책봉되었으니 장 희빈과 그 가문의 영광은 정점에 올랐다.

왕후에서 다시 후궁으로 그리고 맞은 최후

기사환국 뒤 숙종은 인현 왕후를 쫓아낸 것을 점차 후회하게 되었고 기어코 세 번째 환국인 갑술환국으로 이어졌다. 숙종은 남인을 축출하고 서인을 등용했다. 기사환국의 본질이 왕자 윤의 후계자 선정과 장 희빈의 중전 책봉이었듯이, 갑술환국의 핵심은 인현 왕후의 복위였다. 숙종은 이전의 조처를 뉘우치고 인현 왕후를 환궁시켰다. 당연히 중전 장 씨는 희빈으로 강등되어 별당으로 쫓겨 갔다. 장 희빈이 왕비가 된 지 5년 만의 일로 그녀의 나이는 서른다섯 살이었다.

또다시 후궁으로 주저앉은 장 희빈은 울분의 나날을 보내며 숙종과 인현 왕후에게 문안조차 가지 않았다. 그러면서 한 번 더 중

동구릉과 마찬가지로 유네스코 세계 문화유산으로 지정된 서오릉에 있는 명릉(위)과 대빈 묘. 명릉은 숙종과 인현 왕후, 숙종의 세 번째 왕비 인원 왕후가 묻힌 능이고, 대빈 묘는 장 희빈이 묻힌 묘이다. 명릉은 신통한 지관이 고른 명당이라고 한다(그림 5, 6).

전이 되기 위해 안간힘을 다했다. 게다가 인현 왕후를 중궁이라고 부르기는커녕 '민 씨'라고 부르면서 요사스러운 여자라고 욕했다. 인현 왕후가 시름시름 앓자, 장 희빈은 인현 왕후가 죽으면 자신이 왕비가 될 것이라 믿고 자신의 처소인 취선당 뒤쪽 별채에 신당을 차려 인현 왕후를 저주하기에 이르렀다. 그러나 남인의 재집권을 두려워한 노론(서인에서 갈려 나온 당파)의 사주로 숙의 최 씨(영조의 어머니)가 그 사실을 증언하여 장 희빈은 마침내 사약을 받았다.

그녀 사후 숙종은 내명부의 궁녀(정확하게는 후궁)가 왕비로 책봉되는 일을 금지하고 자신도 후궁 중 한 명을 왕비로 삼지 않고 새로 장가들었다. 그 때문에 장 희빈 이후로는 후궁 출신 왕비가 나오지 않았다.

이렇게 우여곡절이 많은 장 희빈의 묘는 원래 경기도 구리시 근처에 있다가 경기도 광주시로 이장되었으며, 지금은 서오릉의 한 언덕으로 자리 잡게 되었다. 왕의 생모이고 한때 왕비였지만 사후에는 왕릉과 격이 다른 대빈묘로 쓸쓸히 남아 있는 것을 보면 인생의 무상함을 느끼게 된다.

후궁과 궁녀는 어떻게 다를까?

후궁은 정식 부인인 왕비 외에 왕이 부인으로 들인 여자를 가리키는 말이다. 군주의 첩이어서 그렇게 부르는 것으로 볼 수 있다. 다른 말로는 잉첩, 후비 혹은 비빈으로 지칭하기도 한다. 후궁은 원칙적으로 남편인 군주가 죽은 다음에는 궁내에 거주할 자격을 잃는다. 자식을 낳지 못한 경우에는 비구니(여자 승려)가 되고, 자식을 낳은 경우에는 자식의 집으로 나가 사는 게 일반적이다. 다만 후궁 자신의 아들이 군주로 즉위한 경우에는 예외다.

궁녀는 궁의 일을 보는 여자를 이른다. 궁에서 소요되는 의복을 만들거나 먹을거리를 만드는 일부터 빨래와 옷의 뒷손질까지 모두 궁녀의 몫이다. 또한 내전(왕이나 왕비가 거처하는 곳)을 모시는 일은 빼놓을 수 없는 궁녀의 업무다. 이들은 궁에 들어오면 늙고 병들기 전까지는 궁 밖으로 나갈 수 없고 결혼을 하면 안 되었다.

일반적으로 품계가 낮은 궁녀를 '나인'이라 하고, 품계가 높은 궁녀를 '상궁'이라고 구분하여 불렀다. 참고로 물을 긷거나 아궁이에 불을 때는 등의 잡일을 맡아 하는 무수리나 비자 등은 궁녀의 하녀라고 볼 수 있다. 영조의 어머니 숙빈 최 씨는 무수리 출신이다.

연산군 시기에는 궁녀가 1천 명이 넘었다는 기록이 있고, 영조 대에 쓰인 이익의《성호사설》에는 "지금 환관이 335명이고 궁녀가 684명이다"라는 기록이 있다. 고종 말기에는 왕실 사정이 여의치 않아 200명 정도밖에 없었다. 이로 미루어 보아 대체로 조선의 궁녀는 600~700명 정도였던 것으로 추측된다.

일개 백성
안용복이 어떻게
독도를 지켰을까?

"전하! 그자에게 사형을 내려야 합니다."

1697년(숙종 23년) 여러 신하가 한 죄인에게 사형을 내릴 것을 주장했다. 그런데 그 죄인을 변호하기 위해 영의정 남구만이 나섰다.

"전하! 그자는 비록 사형을 받을 만큼 중대한 죄를 지었으나, 그가 세운 공 또한 무시할 수 없으니 극형만은 면하게 해 주시옵소서."

남구만의 이야기를 듣고 동의하는 신하는 단 한 명뿐이었다. 고민하던 숙종이 입을 열었다.

"영의정의 의견을 받아들여 사형을 면하고 유배형에 처하도록 하겠소!"

사형에서 유배형으로 감형된 죄인, 그는 바로 독도를 이야기할 때 빼놓을 수 없는 인물 안용복이다. 독도와 함께하는 불멸의 인물이 왜 갑자기 죄인이 된 것일까?

일본으로 납치된 안용복

안용복은 동래(지금과 달리 이때는 부산이 아닌 동래가 이 지역의 중심지였다)에 사는 백성이었다. 아쉽게도 기록이 많이 남아 있지 않아 그의 나이·신분·생몰 연대를 정확히 알 수는 없으나, 능로군으로 활약했다는 것을 보면 평민 이하의 신분이었음은 틀림없다. 일본어를 썩 잘하던 그는 친구 박어둔과 울릉도에 고기를 잡으러 갔다가 일본 어부들과 맞닥뜨린다. 일본 어부들은 안용복과 박어둔이 허락 없이 고기잡이를 했다며 그들을 납치해 시마네현으로 넘겨 버렸다.

내 나라 내 땅에서 고기를 잡다가 엉겁결에 끌려간 안용복은 시마네현 관리에게 거세게 항의했다. 이에 시마네현의 관리는 안용복을 후하게 대접하고 은까지 주며 납치 사건을 무마하려 했다. 그런데 안용복이 "나는 일본이 울릉도를 가지고 말썽을 부리지 않을 것을 원할 뿐이다. 은을 받을 생각 따위는 없다"라며 거절하자, 그 관리는 도쿠가와 막부에 이 사건을 보고했다. 막부에서는 조선과의 외교 마찰을 우려하여 울릉도와 자산도(지금의 독도) 등은 일본의 영토가 아니라는 편지를 써서 안용복에게 주었다.

당시 일본과 조선은 반드시 쓰시마(대마도)를 통해야 교류할 수 있었다. 그런데 울릉도를 쓰시마의 영토로 만들려는 야심을 가진 쓰시마의 일본 관리는 안용복을 잡아 가두고 편지를 빼앗았다. 그리고 조선 조정에 안용복이 일본 영토를 함부로 침입했다고 거짓말을 했다. 조선으로 돌아온 안용복은 동래 감옥에 갇혔다가 석 달 만에 겨우 풀려났다.

한편 안용복으로 인해 조선 조정과 쓰시마 사이에는 울릉도와 독도를 두고 논쟁이 벌어진다. 쓰시마의 일본 관리는 울릉도 부근의 이권을 차지하려는 의도로 억지 주장을 했지만, 이는 막부가 안용복에게 준 편지와 반대되는 내용이었다. 조선 조정이 일본 막부에 정식으로 문제를 제기하겠다고 나서자, 그제야 스스로 주장을 철회했다.

울릉도와 독도가 조선 땅임을 다시 확인한 안용복

3년 뒤 안용복은 일본인들이 여전히 울릉도와 독도에 와서 고기잡이를 한다는 사실을 알게 되었다. 이에 그는 다시 한번 일본으로 가서 담판을 짓기 위해 스님과 학자를 대동하여 어부 16명과 함께 울릉도로 갔다. 그곳에서 물고기를 잡는 일본인들을 발견한 안용복이 외쳤다.

"울릉도는 본래 우리 땅인데 어찌하여 왜인이 감히 침범하는가? 너희를 모두 포박하겠다."

그러자 일본인들이 대꾸했다.

"우리는 본디 마쓰시마(일본인이 독도를 부르던 이름)에 사는데 고기잡이를 하러 나왔다. 이제 일본으로 돌아갈 것이다."

이 말을 들은 안용복은 "너희가 마쓰시마라고 부르는 곳은 우리 땅인데 어찌하여 감히 그곳에 있느냐?"라며 큰 소리로 꾸짖고는 도망치는 일본 어부를 뒤쫓아 오키섬까지 갔다. 그리고 오키섬 관리가 시마네현의 상관에게 보고하겠다고 해 놓고 시간을 끌자, 안용복은 직접 시마네현으로 갔다.

시마네현 관리를 만나기 전에 푸른색 관복으로 갈아입고 갓을 쓴 뒤 가마를 타고 나타나 만나 조선에서 울릉도와 독도의 세금을 관리하는 감세관이라고 속였다. 안용복의 위세에 눌린 시마네현 관리는 "두 섬이 이미 너희 나라에 속함을 알고 있으니 나중에 다시 침범하여 넘어가는 자가 있으면 엄중히 처벌할 것"이라고 약속하고 돌려보냈다.

그러나 안용복을 기다리고 있는 것은 후한 상이 아니라 가혹한 형벌이었다. 정부의 허락 없이 함부로 국경을 넘어 다른 나라

부산시에 있는 안용복 충혼탑. 일본의 독도 영유권 주장에 분노한 시민들이 주축이 되어 세웠다. 비 뒷면에는 "슬프다. 역사를 상고해 보면 숨겨진 속에 큰 인물이 있음을 발견하는 것이니 저 동래 사람 안용복 님이 바로 그 한 분이시라. …… 상이야 못 드릴망정 형벌 귀양 어인 말인고? 이름이 숨겨지다 공로조차 묻히리까? 이제 와 울릉군 봉하오니 웃고 받으옵소서"라고 새겨져 있다(그림 7).

에 가고 관리 아닌 자가 제멋대로 관리인 척했다는 것이 그 이유였다. 모든 신하가 이구동성으로 죽어 마땅한 죄를 지었다고 말했지만, 남구만과 윤지완 두 신하의 반대에 숙종이 마음을 돌려 사형은 면하고 귀양 가는 형벌로 감형되었다. 귀양 이후 안용복에 대한 기록은 남아 있지 않아 언제 어디에서 죽었는지, 가족은 어떻게 되었는지 알 수가 없다.

한편 1698년(숙종 24년) 조선 조정은 쓰시마에 편지를 보내 울릉도와 독도가 조선의 땅임을 확인받았다. 안용복은 동해에서 조선의 정치적·경제적 이권을 오로지 개인의 힘으로 지켜 낸 영웅과 같은 인물이다. 그래서 훗날 실학자 성호 이익은 다음과 같이 칭송했다.

"안용복은 영웅호걸이다. 미천한 일개 군졸로 만 번 죽음을 무릅쓰고 국가를 위하여 강적과 겨루었다."

영국의 인도 독차지, 플라시 전투

포르투갈이 희망봉을 돌아 인도로 가는 길을 발견한 뒤 이 길을 통해 가장 먼저 아시아에 이른 나라는 포르투갈과 경쟁하던 에스파냐다. 그리고 포르투갈과 에스파냐의 힘이 약해지고 나서는 네덜란드와 영국 그리고 프랑스까지 인도 지역을 차지하려고 덤벼들었다.

당시 인도는 무굴 제국이 대부분 지역을 통치하고 강력한 힘을 가지고 있어 인도에 발을 디딘 서양의 여러 나라는 고작 몇몇 해안 도시에 요새를 쌓고 이를 중심으로 무역 활동을 확대하는 것에 만족해야 했다. 무굴 제국에게 유럽인은 전혀 신경을 쓰지 않아도 되는 하찮은 존재에 불과했다. 하지만 무굴 제국이 점차 분열하고 힘이 약해지기 시작하자, 상황은 크게 바뀌어 유럽 여러 나라는 무굴 제국에서 영토를 넓혀 갔다. 결국 네덜란드가 물러난 후 영국과 프랑스 사이에서 인도에서의 주도권을 둘러싼 대결이 벌어졌다.

특이한 점은 당시 영국의 인도 정복은 정부가 아닌 동인도 회

영국의 군인이자 정치가 로버트 클라이브. 플라시 전투를 승리로 이끌어 인도 벵골에서의 지배권을 확보하고 후에 무굴 황제로부터 징세권을 받아 냈다. 영국이 인도를 식민지화하는 데 발판을 놓았다는 평가를 받는다(그림 8).

사에 의해 이루어졌다는 것이다. 동인도 회사는 향료 무역 등을 목적으로 상인들이 세운 회사였다. 그리고 이 회사는 독자적인 군대를 가지고 점령 지역에서 세금을 거두는 등 사실상 국가의 역할을 했다. 인도 지배권을 결정지은 중요한 전투인 플라시 전투(1757년)는 영국 동인도 회사의 직원 클라이브가 이끄는 영국 동인도 회사의 군대와, 벵골 토후와 연결된 프랑스·인도 연합군 간에 벌어진 전투다.

5만에 이르는 인도 군대와 연합한 프랑스 군대에 맞선 클라이브가 이끄는 영국군은 3천 명 정도에 불과했다. 그러나 클라이브가 적군을 분열시키면서 영국의 대승으로 끝났다. 단 한 차례의 전투였지만 플라시 전투가 가져온 영향은 매우 컸다. 영국은 인도에서 영토를 크게 늘렸고 인도를 식민지화하는 출발점이 되었다. 영국은 인도에 이어 이웃한 미얀마 등으로 식민지를 확대해 나갔다. 한편 영국에게 패한 프랑스는 베트남, 라오스, 캄보디아가 붙어 있는 인도차이나 반도 지역으로 눈길을 돌렸다.

백성을 사랑한 왕
영조는 왜 아들
사도 세자를 죽였을까?

같은 임금을 그린 두 장의 초상화가 있다. 스무 살 무렵의 청년이 그려진 초상화는 젊지만 살짝 어두운 모습이고, 쉰 살 무렵의 곤룡포를 입고 있는 인물이 그려진 초상화는 나이는 들었지만 입가에는 살짝 미소를 띤 채 자신감 넘치는 모습이다. 두 초상화의 주인공은 젊은 시절 왕위에 오르기 전의 영조와 왕이 되고 30년 정도가 흐른 후의 영조다. 그 사이에 무슨 일이 있었을까?

영조는 어떤 왕이었을까

1694년에 태어나 1776년에 세상을 떠난 영조는 서른한 살부터 조선의 왕으로 나라를 다스렸다. 왕으로 재임한 기간만 무려 52년으로, 조선의 역대 왕 중 가장 오래 살았고 가장 오랜 기간 동안 왕위에 머물렀다. 영조가 이처럼 장수할 수 있었던 것은 남다른 부지런함과 더불어 소식을 통한 건강 관리 덕분이다.

또한 뛰어난 학자이기도 한 영조는 당시 이름을 떨친 학자들과의 경연에서 그들을 쩔쩔매게 할 정도로 폭넓은 지식을 지녔다. 이는 평소 책을 많이 읽는 남다른 독서량이 바탕이 된 것이다. 영조는 독서를 통해 실력을 쌓고 신하들과의 토론과 대화를 통해 백성에게 필요한 정책을 생각해 내고 실천으로 옮긴 왕이다.

죽음의 위기를 넘기고 왕이 된 연잉군

영조는 숙종과 무수리 출신 숙빈 최 씨 사이에서 태어났다. 숙종 대에는 어느 때보다 붕당 간 대립이 극심했다. 이때 대립한 두 세력은 남인과 서인이다. 남인의 몰락으로 대립이 끝나는가 싶었지만, 서인이 다시 노론과 소론으로 나뉘면서 붕당은 끊임없이 이어졌다. 숙종의 아들 중 맏아들 경종을 지지하는 세력은 소론, 둘째 아들 연잉군을 지지하는 세력은 노론으로 불렸다.

두 세력의 대립은 경종이 왕위에 오르면서 소론이 승리하는 듯했다. 하지만 경종이 몸이 약하고 후계자를 갖지 못하자, 동생 연잉군을 세자로 임명해야 한다는 주장이 노론을 중심으로 나왔다. 이후 두 세력의 대립은 한층 격렬해졌다. 자신을 지지하는 노론 중 일부가 감옥에 갇히면서 연잉군이 생명의 위협을 느끼는 상황마저 벌어졌다. 연잉군은 대비를 찾아가 결백을 주장하면서 간신히 목숨을 부지할 수 있었다.

신하들의 대립으로 뜻하지 않게 죽을 뻔한 위기를 넘긴 연잉군은 형 경종이 왕위에 오른 지 4년 만에 자식 없이 세상을 떠나자 왕위에 올라 영조가 되었다. 세자 시절 겪은 위기의 순간이 뇌리에 강렬하게 새겨진 채 왕이 된 영조는 신하들 간의 대립, 붕당 정치를 끝내기 위해 누구보다 노력을 기울인다.

강력한 탕평책 실시

"세자를 폐하고 서인으로 삼는다. 세자를 깊이 가두고 누구도 만나지 못하게 하여라!"

소식을 듣고 달려온 빈궁(사도 세자의 부인)과 왕세손(사도 세자의 아들이자 훗날의 정조)조차 세자를 만날 수 없었다. 어떤 신하도 영조 앞에 나서서 세자를 위한 말을 할 수 없었다. 그렇게 여드레가 흐르고 세자는 숨을 거두었다. 사도 세자가 아버지 영조에 의해 뒤주에 갇혀 목숨을 잃은 사건이 발생한 날이다. 이내 자신의 행동을 후회한 영조는 자신의 손으로 죽인 아들에게 '사도'(애달프게 생각한다는 뜻)라는 시호를 내렸지만, 죽은 세자를 살려 낼

1742년 조선 시대 최고 학부인 성균관에 세운 탕평비. 비에 새겨진 글의 내용은 "두루 원만하고 치우치지 않음이 군자의 마음이고, 치우치고 원만하지 못함은 소인의 사사로운 마음이다"이며 영조가 손수 쓴 글이다(그림 9).

수는 없었다. 영조는 왜 사랑하는 아들을 죽였을까? 무슨 일이 있었던 것일까? 영조 시대의 역사를 통해 그 수수께끼를 풀어 보자.

왕이 된 영조가 가장 먼저 취한 것은 탕평책이다. 탕평이란 탕탕평평의 줄임말로 '싸움이나 시비에서 한쪽에 치우치지 않는 공평함'을 가리킨다. 노론의 편도 소론의 편도 들지 않고 중립을 지키겠다는 영조의 생각이 탕평책으로 나타났다. 붕당의 이익보다는 자신의 탕평책에 찬성하는 신하들을 중심으로 정치를 이끌어 나가면서 이를 보완하기 위한 정책을 실시했다.

붕당 정치의 근거지가 되고 있는 전국의 서원 170여 곳을 정리하는가 하면, 탕평책에 대한 자신의 뜻을 신하들에게 알리기 위해 미래의 관리를 꿈꾸는 학생들이 공부하는 성균관에 탕평비를 세웠다. 앞으로 관직의 진출을 꿈꾸는 사람은 어느 편에도 치우치지 말라는 일종의 경고인 셈이다.

이처럼 강력한 영조의 의지 때문인지 붕당 간 대립은 가라앉은 것처럼 보였지만, 사실 숨어 있을 뿐 사라진 것은 아니었다. 그 대립은 영조의 탕평책에서 다수를 차지하는 노론과 사도 세자를 옹호하는 소론의 갈등으로 번져 가면서 걷잡을 수 없는 지경에 이르렀다.

결국 영조는 사랑하는 아들을 자기 손으로 죽이고 마는 불행을 겪게 되었다. 사도 세자를 죽음으로 내몬 세력은 그 아들인 세손이 왕이 되는 것을 막으려 갖은 애를 썼다. 영조의 손자이자 죽은 사도 세자의 아들 왕세손은 연잉군 시절의 영조가 그랬듯이, 하루하루 생명의 위협을 느끼면서 왕자의 자리에 있어야 하는 처지에 놓였다.

백성의 삶을 걱정하는 따뜻한 마음을 가진 영조

영조는 아들을 죽음으로 내몬 비정한 아버지라는 역사적 비난을 받고 있지만, 한편으로는 조선 시대의 어떤 왕보다 백성의 어려운 삶에 관심을 갖고 그들의 생활이 나아지게 하는 데 온 힘을 기울인 왕이다. 대표적인 것이 1760년(영조 36년)에 있은 청계천 준천 작업과 균역법 실시다.

"산에 나무가 없어 민둥산이 된 뒤 모래와 돌이 흘러내려 청계천이 메워지고 막혀, 가뭄에는 고인 물 때문에 악취가 나고 큰비가 내리면 평지까지 물이 넘칩니다."

영조가 왕위에 오른 때는 왜란과 호란의 상처를 극복하고 조선의 상공업이 기지개를 켜는 시기였다. 상업이 발달하면서 사람이 서울로 몰려들기 시작하여 마땅한 거처를 구하지 못한 가난한 사람들은 청계천 근처로 몰려들었다. 사람들이 버린 오수와 하수가 섞이면서 청계천은 점차 병들어 갔다. 또한 땔감으로 쓸 나무를 구하기 위해 주변 산에서 마구잡이로 벌채하여 비가 내리면 흙과 모래가 흘러들어 쌓였다. 그러자 비가 조금만 내려도 청계천이 넘치기 일쑤였다.

"바닥에 쌓인 흙을 긁어내기 위한 공사를 대대적으로 하면서 그 공사에 청계천 주변에 살고 있는 사람들을 이용한다면, 홍수도 예방하고 가난한 백성에게 일자리도 주는 것이니 일거양득이 아니겠는가?"

생각이 들면 바로 행동으로 옮기는 영조였다. 준천을 위해 임시 기관을 설치하고 공사를 시작해 약 두 달 만에 공사를 끝냈다. 큰 관심을 기울인 일이었기에 공사 중에 여러 차례 현장을 찾기도 했다. 앉아서 신하들의 보고만 듣던 왕들과 달리 영조는 이처럼 백성들의 삶의 현장을 직접 찾아 문제를 해결하고, 필요하다면 백성들의 의견을 들어 정책을 결정했다.

청계천 준천 사업 이전에 균역법을 실시할 때 또한 그러했다. 준천 작업보다 10년 앞선 1750년(영조 26년) 영조는 창경궁의 정문인 홍화문 앞에 백성들을 모아 놓고 군포에 관한 의견을 들었다. 군포 부담을 1인당 두 필에서 한 필로 줄이고 부족해진 정부의 수입을 다른 곳에서 메우는 것을 핵심으로 하는 균역법을 시행했다. 균역법으로 새로운 부담이 생긴 일부 양반이 반대했지만, 백성들과 직접 만나 여론을 확인하고 그들의 뜻에 따라 정책을 실시했다.

또한 성종 이후 폐지된 신문고를 부활시키고 지나치게 가혹한 형벌을 금지하는 등 영조 시대에 이루어진 정책들은 한결같이 어려운 백성들을 살피고자 한 영조의 따뜻한 마음에서 비롯된 결과들이다.

조선 시대 후기의 부흥을 가져온 영조

백성을 사랑하는 애민 정신, 왕이었음에도 소식을 하면서 유지한 건강과 검소함 그리고 많은 독서를 토대로 한 올바른 판단과 추진력으로 영조가 통치한 52년간 왕권은 안정되고 사회는 활기를 띠기 시작했다. 영조가 왕위에 있던 18세기, 조선은 왜란과 호란의 상처를 극복하면서 새로운 사회로 나아갈 준비를 하고 있었다.

신분제의 변화로 세금을 부담하는 양인의 숫자가 줄어들자 노비종모법 실시를 결정했다. 남자 노비와 양인 여자가 결혼을 하여 낳은 아이를 양인으로 인정하는 제도다. 부족한 양인의 숫자를 늘리기 위한 정책이다. 또한 차별 대우로 아무것도 할 수 없던 서얼(서자와 얼자를 합한 말. 양반의 자식이지만 어머니가 양민 출신 첩이면 서자, 천민 출신 첩이면 얼자다)의 문제점을 고치기 위해 서얼도 관리가 될 수 있는 길을 연 것 역시 영조의 업적이다.

백성들의 아픔을 해결하고자 하는 의지가 어떤 왕에 비할 바 없이 굳은 왕이었다.《경국대전》반포 후 약 250년 만에 그동안의 사회 변화를 반영해《속대전》을 편찬한 것 역시 영조의 업적이다. 이를 통해 통치 체제를 바로 세우고 왕권을 강화하고자 한 것이다.

영조는 정치적 상황 때문에 아들을 뒤주에 가두어 죽게 한 비정한 아버지였지만, 백성의 어려움을 해결하고자 밤낮없이 나랏일에 몰두한 따뜻한 마음의 군주 그것이 영조의 참모습이다.

조선에서 가장 부지런한 사람은 바로 왕

우리는 일반적으로 왕에 대해 모든 일을 자신의 뜻대로 하는 무소불위의 존재로 생각한다. 하지만 조선의 왕은 전혀 그렇지 않았다. 해야 할 일로 꽉 차 있어서 우리의 예상보다 훨씬 바빴다. 왕의 하루는 새벽같이 일어나 왕실 어른들에게 올리는 아침

문안 인사로 시작되었다. 국정을 처리하는 업무 시간은 물론이
고 공부 시간인 경연이 하루 세 차례 있었다. 아침·점심·저녁 식
사 그리고 그사이의 간식 시간이 있었으며 왕실 어른들에 대한
저녁 문안을 끝으로 공식적인 왕의 업무는 끝이 났다.

 그렇지만 그 후에도 상소문을 보는 등 또 다른 업무가 이어지
기 마련이었다. 그리고 세종 대왕이나 영조처럼 책을 좋아하는
왕들은 잠자리에 들기 전에 개인적인 독서 시간을 가졌는데, 이
모든 것을 마무리하는 시간은 밤 열한 시 무렵이었다.

영국 산업 혁명의 빛과 그늘

영국은 17세기에 청교도 혁명과 명예혁명을 통해 정치적 안정을 이루었다. 그리고 해외에 많은 식민지를 보유해 원료를 값싸게 얻을 수도, 자국에서 생산한 상품을 팔아 이익을 남길 수도 있었다. 더불어 공장을 운영하는 데 필요한 석탄, 철광석과 같은 지하자원은 물론 도시 인구가 많아 노동력이 풍부했다. 이 같은 조건에 힘입어 영국에서 산업 혁명이 시작될 수 있었다.

18세기에 들어와 세계적으로 면직물 수요가 증가하자, 영국에서는 실을 대량으로 생산하기 위한 기계들이 발명되었다. 사랑하는 아내 제니를 위해 기존의 베틀에 비해 여덟 배나 많은 실을 생산할 수 있는 기계를 발명한 하그리브스, 석탄을 태워 얻는 기존의 동력에 비해 네 배나 많은 에너지를 생산할 수 있도록 증기 기관을 개량한 와트 등에 의해 집집마다 필요한 물건을 직접 만들어 쓰던 가내 수공업 단계를 뛰어넘어 대규모 공장제 기계 공업이 발달했다.

16세기 초 2년 이상 걸리던 세계 여행이 19세기에는 산업 혁명의 확산으로 3개월이면 가능하게 되었다. 또한 각종 제품이 대량으로 생산되면서 물질생활이 풍요로워졌으며, 교통과 통신의 발전으로 물자 이동이 활발해지고 교류의 폭이 넓어졌다. 이처럼 산업 혁명은 생산과 경제뿐 아니라 사회 구조와 생활 모습을 크게 변화시켰다.

산업 혁명 과정에서 부를 축적하여 사회 주도 세력으로 성장한 자본가와 인구의 다수를 차지하게 된 노동자가 새로운 사회 계층으로 등장했다. 자본가는 경제적으로 여유로워 사치를 즐겼다. 그에 반해 노동자들의 삶은 매우 비참했다. 그들은 하루에 14~16시간 일하면서도 생계를 겨우 유지할 정도의 임금만 받았으며, 주거 환경은 매우 비위생적이어서 380명이 거주하는 런던의 한 아파트에는 화장실이 하나밖에 없을 정도였다. 오죽했으면 노예를 소유한 사람들조차 자본가들을 손가락질하며 비난했다.

하지만 돈 있는 사람들이나 정치에 참여할 수 있을 뿐 가난한 노동자들에게 투표권이 주어지지 않았기 때문에 이러한 문제는 쉽게 해결되지 않아 두 계층 간에는 다양한 갈등과 대립이 나타났다.

정조는 왜 무인의 길을 택했을까?

1777년(정조 1년) 정조는 평소처럼 경희궁의 존현각에서 독서를 하고 있었다. 곁을 지키던 내시가 잠시 자리를 비운 사이 천장에서 인기척이 느껴졌다. 정조가 재빨리 사람을 불러 살펴보니 기와가 부서져 있고 사람이 밟은 흔적이 발견되었다. 신하들은 경희궁이 위험하니 창덕궁으로 처소를 옮기자고 건의했다.

그런데 거처를 옮긴 지 닷새밖에 되지 않아 창덕궁의 서쪽 문인 경추문으로 침입을 시도한 괴한이 호위 무사들에게 잡히는 사건이 발생했다. 조사 결과 경희궁에서의 사건도 그 괴한이 벌였다는 사실이 밝혀진 데다 배후에는 사도 세자를 죽음으로 몰아간 노론이 있음을 알게 되었다.

자객이 임금을 죽이려고 궁궐에 침입한 것은 조선 역사상 처음 있는 일이었다. 도대체 무엇 때문에 정조는 암살의 위협을 받은 것일까?

두렵고 위태로웠던 왕위 계승

왕으로 즉위하기까지 정조는 자신의 정통성을 부정하는 노론 대신들의 틈바구니에서 숨 막히는 시절을 보냈다. 노론 신하들은 영조가 사도 세자를 죽이도록 부추겼기에 그 아들이 왕위에 오르면 자신들에게 복수할 것이라고 생각했다. 그래서 어떻게든 왕이 되는 것을 막아야 했다. 1775년 여든두 살 된 영조가 세손에게 왕위를 물려줄 뜻을 밝혔을 때, 노론 대신들은 승지(왕의 명령을 기록하여 전달하는 신하)가 글을 쓰지 못하도록 막으며 왕위 계승을 거부했다.

그런데 영조가 죽고 1776년 조선의 제22대 왕으로 즉위한 정조는 대신들이 보는 앞에서 자신이 사도 세자의 아들임을 당당히 밝혔다. 권력을 차지하고 있는 노론 대신들은 죄인의 아들을 왕으로 인정할 수 없다며 정조를 비난했고, 심지어는 자객까지 궁궐로 보냈다. 당시 정조는 "바늘방석에 앉은 것처럼 두렵고 달걀을 포개 놓은 것처럼 위태롭다"라고 말할 정도로 불안한 나날을 보내야 했다. 왕을 인정하지 않는 노론의 위협 속에서 정조는 살길을 찾아야 했다. 그리고 이내 답을 찾았다. 다름 아니라 물리적인 '힘'을 키우는 것이었다.

무인의 길을 걷다

정조는 실력 있는 무사들을 양성하여 측근에 둠으로써 왕의 권위를 높이고자 했다. 정조 대에는 무과 시험을 총 37회 실시했고 그중 정조 7년 1783년에 시행된 시험에서는 정원 외 합격자가 3천여 명에 달했다. 정조는 궁 밖으로 나가 무사를 직접 선발하기도 했는데, 실력만 있으면 신분의 높고 낮음에 관계없이 발탁했다.

1785년 정조는 무사 50여 명으로 호위 기구인 장용위를 만들었다. 이후 이름을 장용영으로 바꾸고 규모를 확대하여 가장 많을 때에는 병력 수가 1만 8천 명에 이르렀다. 장용영의 병사들은 정조가 직접 편찬한《무예도보통지》라는 무예 서적을 통해 훈련받았다. 장용영의 병사들은 하루에 3천 발 이상의 활을 쏠 정도로 강도 높은 훈련을 받았는데, 정조는 직접 훈련을 관장하여 병사 개개인의 실력을 확인하여 기록을 남겼다.

이에 장용영 병사들은 임금으로부터 인정받았다는 자부심을 갖게 되었다.《무예도보통지》의 서문에 "이 책의 기예를 익혀 모

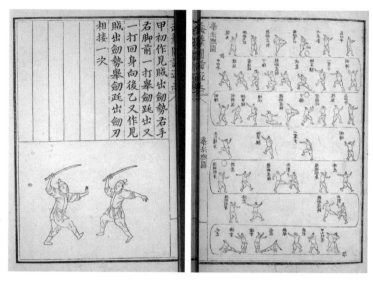

정조가 편찬한 무예 서적《무예도보통지》. 사도 세자가 완성한 18기에 마상 무예 6기를 더한 것으로, 42종에 이르는 각종 무예에 관해 자세한 설명과 그림이 곁들여 있다. 왼쪽은 교전보, 오른쪽은 권법총토다(그림 10, 11).

두 맹수와 같은 날랜 무사가 되도록 하라"라는 말을 적은 정조의 뜻대로 장용영은 조선 최고의 정예 부대로 성장했다.

장용영을 키우기 위해 정조는 스스로의 무예 실력을 높이 쌓는 노력을 아끼지 않아 신궁이라 불릴 정도로 활을 잘 쏘았다. 1792년의 기록을 보면 화살 50발을 쏘아 49발을 명중시킨 날이 열흘이나 되는데, 임금은 신하에게 겸양의 미덕을 보여야 하기 때문에 한 발은 일부러 빗나가게 쏜 것이라고 한다. 정조는 문무의 조화를 강조하여 문신들도 활쏘기를 익히도록 하며 조선을 강력한 힘으로 다스리겠다는 의지를 보여 주었다.

한편 정조는 왕이 된 후 아버지 사도 세자의 묘소를 수원으로 이전했다. 그리고 사도 세자의 묘를 참배할 때마다 '잔디와 흙을 움켜잡고 울며 손톱이 상하는 지경'에 이를 때까지 원통해했다. 그런 모습을 지켜보는 노론 대신들은 불안함을 감추지 못했다. 정조의 위세는 날이 갈수록 높아져만 갔고 그 절정은 바로 화성 행차였다.

어머니 혜경궁 홍 씨의 환갑을 맞아 수행원 6천여 명을 거느리고 화성 행차에 나선 정조는 황금 갑옷을 걸치고 말 위에 올랐다. 화성에 도착한 뒤에는 야간에 노론 대신들을 참석시켜 직접 군대를 지휘하는 모습을 보여 주었다. 그의 손짓 한 번에 군사 1천여 명이 일사분란하게 횃불을 치켜들고 휘둘렀다.

정조의 좌절된 꿈

정조는 노론 신하들을 압도하려는 의도로 화성 행차를 실시했다. 그러나 노론은 도끼로 손가락을 찍고 혈서를 쓰면서까지 강력한 군주권을 행사하려는 정조에게 맞섰다. 군권을 장악한 정조는 더 이상 물러서지 않고 '백성이 원하는 정치를 위해 거침없이 나아갈 것'이라며 각오를 다졌다.

이렇게 왕권을 다져 가던 정조는 1800년(정조 24년) 등에 난 종기가 원인이 되어 돌연 숨을 거두고 만다. 너무나 갑작스러운 탓에 정조의 죽음에 여러 의혹이 일어났고, 심지어는 독살을 당했다는 소문까지 돌았다.

즉위 이후 무인 기질을 바탕으로 장용영을 설치하여 군권을 장악한 정조. 그는 군주로서의 힘을 키우는 동시에 사회적 모순을 해결하기 위한 개혁도 단행했다. 우선 규장각을 정비하여 자신의 정책을 뒷받침하는 기구로 만들었고, 젊은 학자들을 모아 학문과 정책을 연구하게 했다. 그를 토대로 탕평책을 실시하여 노론의 권력 독점을 막고자 했다. 또한 규장각에는 서얼의 출신도 등용했으며 노비 제도를 혁파하여 차별 없는 세상을 이루려 했다.

수원에는 당대의 과학 기술을 총망라한 화성을 건설하여 자신의 정치적 이상을 실현할 도시로 조성하려 했다. 또한 자유로운 상업 활동을 억제하던 금난전권(정부의 허가를 받은 시전 상인 이외의 상인이 상업 활동을 하는 것을 금지하는 법. 시전 상인이 난전의 물건을 압수하거나 난전 상인을 구금할 수 있는 권한)을 폐지하여 상업 발전의 걸림돌을 제거했다. 그리고 문물 제도를 정비하여《대전통편》을 비롯한 여러 서적을 편찬했다.

이처럼 백성을 위한 정치를 펼치려던 정조의 개혁은 그의 죽음과 더불어 물거품이 되었다. 당시 조선을 "병이 든 사람이 진기

가 허약하여 혈맥이 막혀 버린" 것으로 표현한 정조가 세상을 떠
난 뒤, 역사의 수레바퀴가 거꾸로 돌아가 몇몇 가문에 의해 나라
가 운영되고 부정부패와 비리가 난무하는 세도 정치 시기로 접
어든다.

정조는 왜
수원 화성을
지었을까?

　코페르니쿠스가 지구가 태양을 돈다는 지동설을 주장한 것은
1543년의 일이다. 세종 대왕 때인 1400년대에 조선의 실정에 맞
게 꾸민 역서(1년 동안의 해와 달의 운행, 월식·일식, 절기 등을 날의
순서에 따라 적은 책)《칠정산》에서는 지구가 태양을 도는 데 걸리
는 시간을 365일 5시간 48분 45초로 계산했다. 오늘날 물리학적
으로 계산한 365일 5시간 48분 46초와 단 1초의 오차가 있을 뿐
이다.

　600여 년 전의 계산이 이렇게 정교할 수 있는 것은 조선 시대
이전부터 내려오던 수학 전통이 있기 때문이다. 심지어 신라의 건

축물에는 파이 값이 적용된 것으로 알려져 있다. 우리 조상들은 수학 지식을 활용해 탑이나 건축물 등을 정교하게 지었으며 현존하는 많은 문화재가 이를 증명해 주고 있다. 방정식, 피타고라스의 정리, 삼각 함수를 풀고 파이 값을 소수점 이하 다섯 자리까지 계산에 적용할 정도였다. 유네스코 세계 문화유산인 수원 화성은 이러한 수학 전통 위에서 정교하게 지어진 과학적 건축물이다.

나는 사도 세자의 아들이다!

정조는 아버지 사도 세자의 묘를 수원 화산의 현륭원으로 옮기고 수원을 신도시로 건설할 계획을 세웠다. 수원은 한양과 남쪽을 연결하는 교통의 요지이자 상업 활동을 위한 도시인 한편, 사도 세자의 현륭원이 인근에 있기에 왕권 강화를 위한 새로운 정치 공간으로 안성맞춤이었다.

다산 정약용은 갓 서른의 나이에 완공까지는 10년이 넘게 걸릴 것이라는 모두의 예상을 뒤엎고 수원 화성을 2년 10개월 만에 마무리했다. 최첨단 기자재를 활용한 최신식 공법을 활용했기 때문이다. 그중에서도 대표적인 것이 거중기다. 단순히 고정 도르래만 사용하지 않고 움직도르래까지 도입하여, 적은 힘으로 무거운 물건을 들어 올릴 수 있는 현재의 기중기와 같은 원리를 정

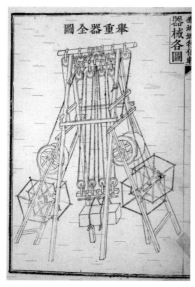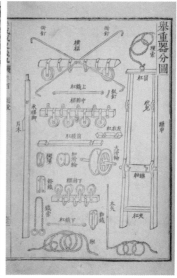

《화성성역의궤》에 실린 거중기의 완성된 모습과 분해도. 《화성성역의궤》는 정조의 지시로 화성 성곽 축조에 관한 모든 것을 기록한 책으로, 정조 사후 1801년 간행되었다. 정약용이 발명·제작한 거중기 덕분에 공사 기간을 단축할 수 있었다(그림 12, 13).

약용이 이용한 것이다.

화성에 숨어 있는 또 하나의 과학적 원리는 화성 성벽과 여장 (성의 담) 사이에 있는 눈썹돌(미석이라고도 부른다)에서 찾아볼 수 있다. 너무 덥거나 추워서 물질의 상태가 변화할 때 부피도 따라서 변하므로 성벽의 붕괴를 막기 위해 이런 검은색 벽돌을 끼워 놓은 것이다. 그렇게 하면 눈이나 비가 와도 물이 성벽 틈새로 스며든 채 얼지 않고 미석을 타고 땅으로 떨어져 한층 견고한 성벽이 되는 것이다.

화성에 숨은 과학 원리

거중기와 미석 외에도 성벽을 견고하게 만드는 장치는 또 있다. 성벽의 허리 부분을 잘록하게 쌓아서 전체 형태를 구불구불하게 만든 점이다. 이렇게 해서 적들이 성벽을 쉽게 공략하지 못하도록 했을 뿐 아니라 돌과 돌 사이가 빈틈없이 들어맞도록 하는 과정에서 성의 견고함은 배가 되었다.

고구려 성벽의 경우에는 절벽 높이까지 포함하면 15~20미터에 달하는데 화성의 성벽은 평균 4미터 정도로 비교적 낮은 편이다. 정조의 꿈이 서린 계획도시라는 중요성을 감안하면 쉽게 납득하기 어려운 특징이다. 왜 그렇게 축조했을까? 이는 다름 아니라 변화한 전쟁의 양상을 고려한 정약용의 구상이다. 이때는 이미 과거처럼 성을 타고 넘어가는 방식이 아니라 화포로 성벽을 무너뜨리고 함락하는 전술로 바뀌고 있는 추세여서 성벽이 좀 낮더라도 견고함에 중점을 두고 축성한 것이다.

성벽의 견고함을 위한 또 하나의 조치는 바로 벽돌의 사용이다. 기존에는 자연석이나 다듬은 화강암을 주재료로 삼았는데, 화강암은 돌 사이의 이음새가 딱 들어맞지 않아 작은 충격에도 쉽게 깨지거나 빠지는 단점이 있었다. 이 점을 보완하기 위해 벽돌과 석회로 벽을 쌓고 그 벽 안에 흙을 채워 적의 강력한 화포 공격에도 버틸 수 있는 성벽을 완성한 것이다. 수원 화성은 첨단 과

수원 성곽의 남쪽 문으로 1796년에 지어진 팔달문. 북쪽에 있는 장안문과 함께 가장 화려하게 지어진 것으로 꼽힌다. 규모와 형태 면에서 숭례문(서울 남대문)과 흡사하다(그림 14).

학 원리와 최신식 공법뿐 아니라 변화된 전쟁의 양상까지 고려한 빼어난 건축물이다. 수원 화성의 또 다른 탁월함을 알아보자.

《화성성역의궤》, 이 책만 있으면 무너진 화성도 쌓는다

우리 조상들은 기록유산의 중요성을 누구보다 잘 알고 있었던 듯하다.《화성성역의궤》는 화성 건축의 모든 것을 누구나 쉽게 알아볼 수 있도록 글과 그림으로 기록한 자료다. 전체적인 성의 형태는 말할 나위 없고 축성 재료인 돌의 크기와 깎는 방법, 벽돌 만드는 방법부터 동원한 인부들의 임금 지급 사실까지 자세하게 기록하고 있어 오늘날 성의 보수나 관리, 유지에 큰 도움을 받고 있다.

《화성성역의궤》에 따르면 성 전체 둘레는 2만 7,600척(6척=1보=117.6센티미터)이므로 4,600보가 되는 셈이다. 계산해 보면 4,600보는 5,409.6미터다(2009년 수원시 지적팀에서는 수원 화성을 GPS로 실측한 결과 2만 7,541척, 5,544미터라고 발표했다). 성 둘레 4,600보 안에 문루가 넷(장안문·팔달문·창룡문·화서문), 수문이 둘(화홍문·남수문) 있다. 이어서 암문, 적대, 노대, 공심돈, 봉돈, 치성, 포루, 장대, 각루, 포사 등이 있다.

"아는 만큼 보인다"라는 말이 있지만 수원 화성은 '걷는 것만큼 보이는' 유적지다. 걸으며 곳곳에 숨어 있는 과학적 원리가 적용된 건축물들을 찾아보는 재미가 있다. 수원 화성은 동양 성곽 건축물 중 가장 아름답고 과학적인 성이라는 평가를 받아 유네스코 세계 문화유산에 등재되었다.

인류가 함께 보존할 세계 유산

유네스코의 정식 명칭은 '국제연합 교육·과학·문화 기구(United Nations Educational, Scientific and Cultural Organization)'로, 교육·과학·문화 등 지적 활동 분야에서의 국제 협력을 촉진함으로써 세계 평화와 인류 발전을 증진하기 위해 만들어진 유엔 산하 전문 기구다. 2019년 기준으로 유네스코는 204개 회원국을 두고 있으며, 미국과 이스라엘처럼 가입했다가 탈퇴한 국가가 있고 우리나라는 1950년에 가입했다.

유네스코가 하는 여러 일 중 가장 대표적이고 가장 많이 알려진 것이 인류가 함께 보존해 나가야 할 유산을 지정하는 일이다. 유네스코가 지정하는 유산의 종류는 세계 유산·무형 문화유산·기록유산이며, 그중 세계 유산은 문화유산·자연유산·복합유산으로 분류한다.

문화유산은 유적, 건축물, 문화재적 가치를 지닌 기념물이나 장소 등으로 전체 세계 유산의 대다수를 차지하고 있다. 자연유산은 생물학적 군락, 지질학적 생성물, 멸종 위기에 처한 동식물 서식지 등이다. 문화유산과 자연유산의 특징을 모두 충족하는 지역을 복합유산으로 지정한다.

　우리나라의 세계 유산은 2021년 기준 총 15개(문화유산 13개, 자연유산 2개)이고 무형 문화유산은 24개, 기록유산은 16개다.

조선 시대에도 노블레스 오블리주가 있었다고?

세계 최고의 부자로 알려진 워런 버핏, 빌 게이츠. 이들은 돈이 많은 것으로 유명하지만 재산 대부분을 사회에 환원하는 기부 활동을 펼쳐 많은 사람의 존경을 한 몸에 받고 있다. 이들은 자신의 부가 누구 때문에 가능했는지를 이해하고, 부를 이루게 해 준 수많은 사람과 같이 성장하기 위해 끊임없이 나눔을 실천하고 있다. 그 때문에 그들은 노블레스 오블리주(사회 지도층이 책임 있는 행동을 다할 것을 강조하는 프랑스어)의 상징으로 여겨진다.

그런데 200여 년 전 조선에도 그런 삶을 실천한 인물이 있다. "내가 아무것도 아닐 때 내 물건을 팔아 준 것이 누구냐? 사람이다. 저기 굶주리고 쓰러져 죽어 가는 것이 누구냐? 사람이다. 이젠 내가 그들을 도울 차례다"라며 자신의 재산을 굶주리는 백성들을 위해 기꺼이 내놓은 그 사람은 과연 누구일까?

제주도의 여성 CEO 김만덕

그 주인공은 바로 제주가 낳은 자선가 김만덕이다. 그녀는 양인으로 태어나 열한 살 어린 나이에 부모를 여의고 가난한 삶을 이어 가다가 제주 관청의 기생인 관기가 되었다.

한번 관기가 되면 수령의 온갖 뒷바라지를 하면서 때로는 노리갯감이 되어야 하고, 때때로 연회에 불려 나가 외부에서 온 손님을 접대하고 수청(잠자리를 함께하는 것)을 들어야 했다. 그래서 관기를 노비와 같은 천민 신분으로 다루는 경우가 많았다. 하지만 일정한 보수를 받는 데다 돈을 두둑히 얻을 기회가 있어 부를 축적할 수 있었다. 그리고 축적한 부를 이용해 양인으로 신분 상승을 하기도 했다.

바로 김만덕이 그런 사례에 해당하는 사람이다. 그녀는 용모가 아름답고 악기를 잘 다루어 제주도에서 가장 인기 있는 기생이 되었고, 스무 살 되던 해에 다시 양인이 되었다.

이후 김만덕은 제주도 바닷가에서 객주(다른 지역에서 온 상인들에게 머물 곳을 제공하면서 물건을 맡아 팔거나 흥정을 붙여 주는 곳)

를 열었다. 그녀는 재산 모으는 데 재주가 있어 객주를 연 지 1년 만에 큰 재물을 모았다. 타고난 사업가인 그녀는 거기에 만족하지 않고 사업을 더욱 확장해 나갔다. 부유한 양반과 양반 부녀자들의 소비 성향을 파악하여 녹용, 고급 옷감, 화장품 같은 사치품을 다루어 거래 규모를 키웠다. 또한 제주 지역의 포구를 장악하여 전라도 지역과의 선박 무역에 손을 대 10년이 되지 않아 제주도 최고의 거상이 되었다.

정조의 후원으로 실현된 금강산 유람

1795년(정조 19년) 제주도에는 폭풍과 폭우, 흉년 등 계속되는 재해로 굶어 죽는 사람들이 속출했다. 겨우 목숨을 부지한 사람들도 부황(오랜 기간 제대로 먹지 못해 살가죽이 들떠서 붓고 누렇게 되는 병)이 들어 몸을 움직이기조차 힘들었다. 당시의 재상 채제공은 "제주 도민이 크게 굶주려서 백성들이 서로 주검을 베고 누웠다"라고 표현할 정도였다. 조정에서는 구휼미를 보냈다. 그런데 구휼미를 싣고 제주로 향하던 배가 풍랑을 만나 침몰하고 말았다. 제주도는 절체절명의 상황에 처했다.

그때 김만덕이 나섰다. 그녀는 자신의 재산을 털어 육지로 나가 쌀을 구하여 제주 관아에 보냈다. 관아에서 쌀을 나누어 준다는 소식을 들은 사람들은 구름처럼 모여들어 곡식을 받아 갔다.

또 매일같이 콩죽을 쑤어 몇 달간 제주 도민에게 나누어 주었다. 그렇게 김만덕의 이름은 제주도 골골이 퍼져 나갔다. 물론 그때 구휼미를 제공한 사람이 김만덕만은 아니었다.

제주 목사(지방관)는 구휼에 앞장선 사람들의 명단을 조정에 보고했는데 남자들은 벼슬을 얻었지만 여자인 김만덕은 벼슬을 받지 못했다. 그래서 정조는 무엇이든지 그녀의 소원 한 가지를 들어주기로 했다. 그때 만덕은 이렇게 대답했다.

"그저 한번 서울에 들어가서 성상이 계신 곳을 멀리서 바라보고 이어 금강산에 들어가 1만 2천 봉을 구경하면 죽어도 소원이 없겠나이다."(채제공의 〈만덕전〉)

여행을 자유롭게 다닐 수 있는 요즘 상식으로는 별것 아닌 일 같지만 조선 시대로서는 참으로 대단한 소원이었다. 조선 시대 초기부터 관의 일을 보거나 장사를 하는 경우를 제외하고는 제주 도민이 육지로 나가는 것을 금하는 법이 있었다. 심지어 제주 도민은 육지 사람과 결혼조차 할 수 없었다. 게다가 금강산 구경은 성공한 남성들의 전유물이었다. 김만덕의 요구는 집 안에 갇혀 살아야 하는 조선 시대 여성에게 지워진 울타리를 단숨에 뛰어넘겠다는, 일종의 도전이었다.

정조는 그녀의 소원을 들어주었다. 정조는 김만덕을 만나 그녀의 행동을 칭찬한 뒤 금강산 여행에 필요한 모든 경비를 대 주고 일꾼까지 붙여 주었다. 금강산 여행을 마치고 나서 김만덕은 잠시 서울에 머물렀는데 많은 사람이 그녀를 방문했다고 한다. 그 중에는 조선 시대 후기의 실학자 정약용과 박제가도 있었다.

금강산 유람을 마치고 제주도로 돌아온 김만덕은 1812년 일흔 네 살의 나이로 세상을 떠났다. 평생 독신으로 산 그녀는 양아들이 먹고살 정도의 살림을 제외한 재산 전부를 제주 도민들에게 골고루 나누어 주었다고 한다. 그녀의 자선 활동과 남을 돕는 마음을 귀중한 유산으로 여기는 제주 도민들은 현재 김만덕 기념 사업회를 만들어 기념관을 건립하고 연구 활동 및 각종 행사를 추진하고 있다.

인삼 무역으로 거상이 된 임상옥

임상옥은 청나라와의 인삼 무역을 통해 막대한 부를 축적했는데, 중국 사람들은 고려 인삼을 명약으로 여겼기 때문에 그 가치가 매우 높았다. 임상옥은 그런 점을 잘 알고 인삼을 독점적으로 매매하여 스스로 자신의 재산을 가리켜 "은괴를 쌓으면 저 마이 산만 하고 비단을 쌓으면 저 남문루만 할 것이다"라고 말할 정도였다.

임상옥이 그렇게 부를 축적한 배경에는 인맥 관리와 담대한 배짱을 들 수가 있다. 그의 배짱을 확인할 수 있는 다음과 같은 일

화가 전해 오고 있다.

한때 임상옥은 인삼을 팔기 위해 베이징에 갔는데 베이징 상인들이 임상옥을 골탕 먹이려고 그의 인삼을 거들떠보기는커녕 상대조차 하지 않았다. 인삼이 가득한 임상옥의 거처에는 찾아오는 이 하나 없었다. 그렇게 시간이 흘러 임상옥이 조선으로 돌아가야 할 날이 다가왔다. 베이징 상인들은 임상옥이 인삼을 헐값에 처분할 것이라고 생각하고 그제야 그에게 찾아갔다. 그런데 임상옥은 인삼을 여관 마당에 모아 놓고 "영약을 천대하는 자들에게는 인삼을 팔 수 없다"라며 불을 지르기 시작했다. 당황한 베이징 상인들은 허겁지겁 달려들어 불을 껐다. 인삼이 없으면 그들도 장사를 할 수 없기 때문이었다. 베이징 상인들은 임상옥에게 사과하고 타지 않은 인삼을 임상옥이 원하는 가격에 사들일 수밖에 없었다. 이 일이 알려지면서 임상옥은 더욱 유명해졌고, 그의 재산은 나날이 불어나 만상의 우두머리 자리에 오를 수 있었다.

조선 시대 후기에 들어서면 상업이 크게 발달하면서 상인들의 활동 규모가 커져 거상이 등장한다. 이 시기에 등장한 거상으로는 개성을 중심으로 인삼 재배와 홍삼 가공을 통해 크게 성장한 송상, 의주를 중심으로 청과의 무역을 주도한 만상, 평양을 중심으로 국내 유통을 담당한 유상, 동래를 중심으로 일본과의 무역을 주도한 내상, 선박으로 한강을 오가며 수도권 유통을 담당한 경강 상인 등이 있다. 임상옥은 그 가운데 하나인 만상을 장악했다.

부의 사회 환원을 실천한 노블레스 오블리주의 전형

임상옥의 이름이 후세에 기억되고 있는 이유는 단순히 그가 부자여서만은 아니다. 그는 일가친척에게 집을 지어 주고 토지를 사 주며 의좋게 살았고, 먼 길을 가다 들른 손님이나 노숙자에게 는 머물 곳을 제공하고 음식을 대접해 주었다. 또한 홍수와 같은 자연재해나 전염병이 닥치면 어려운 사람들을 구제하는 데 발 벗고 나섰으며, 교통이 불편한 곳에 자발적으로 도로를 건설하는 등 미처 나라의 손길이 닿지 못하는 곳에 재산을 아끼지 않았다.

한편 말년에는 전 재산을 빈민들에게 기부하고 자신에게 빚 진 사람들의 채무를 탕감해 준 뒤 빈손으로 세상을 떠났다. 훌륭 한 상인인 동시에 사회 문제에 관심을 갖는 자선가였던 임상옥, 그의 삶은 오늘날 기업인들이 본받아야 할 노블레스 오블리주의 전형이다.

제3장

조선 사람들,
새로운 꿈을 꾸다

정조는
어떻게 문예 부흥을
이루었을까?

　세종 대왕과 더불어 조선의 2대 명군으로 꼽히는 군주는 누구일까? 바로 정조 대왕이다. 두 왕은 서로 다른 시대적 상황, 국왕으로 즉위하기까지의 과정, 통치 스타일, 성품 등은 다르지만 인간주의의 실천과 역사에 대한 정확한 통찰력을 바탕으로 뛰어난 문화 리더십을 발휘했다는 공통점이 있다.

　세종의 문화 리더십을 돋보이게 한 인물이 신숙주·성삼문 등이라면, 정조의 문예 부흥을 이끈 두 인물은 다산 정약용·연암 박지원이라고 할 수 있다. 이들의 삶과 작품을 통해 18세기 조선의 생생한 모습을 살펴보자.

눈썹이 세 개인 아이

사도 세자가 죽던 해에 태어난 아이는 아홉 살 어린 나이에 어머니 해남 윤씨를 저세상으로 떠나보낸다. 설상가상으로 천연두(마마)를 앓아 사경을 헤매다 가까스로 살아나지만, 오른쪽 눈썹에 자국이 남아 눈썹이 셋으로 나뉜 것처럼 보였다. 어릴 적 이름이 '눈썹이 세 개 있는 아이'라는 뜻의 삼미자인 것은 이 때문이다.

이 경험이 바탕이 되어 후일 황해도 곡산 부사 시절에는 종두법 연구서 《마과회통》을 저술하기도 한다. 스물여덟에 과거 급제를 한 후 주교(배 여러 척을 한 줄로 띄우고 그 위에 널판지를 깔아 만든 다리. 배다리) 제작을 맡으며 정조의 눈도장을 받게 된 이 사람은 바로 다산 정약용이다.

정조는 아버지 사도 세자의 묘를 수원으로 이장하고 수많은 신하를 대동하여 참배에 나섰다. 그러나 많은 사람이 한강을 건널 방법이 없었다. 이 문제를 정약용은 멋들어지게 해결한다. 노량진 쪽을 오가는 경강상인들의 배를 활용하여 주교를 설치하고 정말 길 같은 느낌이 나도록 황토를 뿌리거나 잔디를 깔았다. 폭이 7미터에 홍살문(능, 묘 등의 정면에 세우는 붉은색 문)까지 설치했다고 하니 가히 웅장한 모습이었을 것이다. 수원 화성 설계 도중 부친상을 당한 정약용은 거중기·녹로 등 최신식 공법을 사용

전라남도 강진에 위치한 다산초당(왼쪽)과 필적. 다산초당은 강진에서의 유배 생활 18년 가운데 10여 년을 보낸 곳으로 정약용은 이곳에서 《목민심서》, 《흠흠신서》, 《경제유표》 등 많은 저서를 집필하며 실학을 집대성했다. 丁石(정석)이라는 필적은 다산이 초당 뒤 언덕에 있는 암석에 직접 새긴 것이다(그림 15, 16).

해 공사 기간을 무려 8년이나 앞당겨 완공했다.

들어는 보았나? 다산학!

1801년(정조 25년)에 있은 대규모 천주교 탄압인 신유박해의 여파로 둘째 형 정약전은 흑산도로 유배되고 셋째 형 정약종은 사형당했으며, 정약용 본인은 18년간의 강진 유배길에 오른다. 그러나 그는 유배지에서 500여 권이 넘는 책을 집필하며 정치학, 경제학, 음운학, 의학, 지리학, 음악 등 방대한 영역에 걸친 학문 세계를 구축한다. 이처럼 다방면의 학문을 집대성한 정약용의 업적을 오늘날에는 '다산학'이라고 부르며 학술상을 수여하는 등 그의 학문적 업적을 기리고 있다.

그중 가장 대표적인 저서로는《목민심서》,《흠흠신서》,《경세유표》를 꼽을 수 있다.《목민심서》는 백성을 다스리는 지방 수령의 마음가짐과 태도 등에 관해 저술한 책이며,《흠흠신서》는 곡산 부사로 재직할 때 실제 수사한 사건들을 바탕으로 서술한 판결과 형벌에 있어 주의할 점과 규범에 관한 책이다.《경세유표》는 행정 제도, 토지 제도, 세금 제도 등 국가 경영에 관련한 제도의 개선책을 제시한 책이다.《목민심서》에는 다음과 같은 한시가 실려 있다.

〈애절양〉

갈밭 마을 젊은 아낙 울음도 서러워라

현문(현감이 근무하는 관아의 문) 앞 달려가 통곡하다 하늘 보고 울부짖네

전쟁 나간 지아비 돌아오지 못한 일이야 있을 법한 일이로되

사내가 제 양물을 잘랐단 소리 예부터 듣도 보도 못했네

시아버지 삼년상 벌써 지났고 갓난아이 배냇물도 안 말랐는데

이 집 삼대의 이름이 모두 군적에 실렸구나

관가에 억울한 사정 호소하재도 범 같은 문지기 버티어 섰는데

이정(지금의 이장 정도 되는 하급 관리)은 으르렁대며 외양간의 소마저 끌어갔다오

남편이 식칼 갈아 방 안으로 들어가더니 선혈이 자리에 낭자하
구나
스스로 부르짖길 "이 바로 자식 낳은 죄로다!"

당시 군적에 오른 사람은 병역을 대신하여 군포를 납부했는데,
관리들이 세금을 많이 거두어들이기 위해 이미 죽은 사람과 갓난
아이의 이름까지 군적에 올려 세금을 착취했다. 이를 각각 백골
징포, 황구첨정이라고 불렀다. 이러한 상황에서 군포를 감당할 수
없는 사람이 아이를 낳지 않겠다며 자신의 생식기를 자른 기막힌
현실을 노래한 것이다. 사마천의 《사기》, 네루의 《세계사 편력》이
그랬던 것처럼 위대한 작품은 시련을 딛고 잉태되는가 보다.
2012년 유네스코가 정한 세계의 인물에 장 자크 루소, 헤르만
헤세, 드뷔시와 더불어 정약용이 포함된 것은 그의 위대성을 세
계가 인정한 것이라고 여겨진다.

세계 최고의 기행문 《열하일기》

한때 우울증에 빠지기도 했지만 해학과 풍자로 독자들의 흥미
를 끌고 재미를 안겨 준 〈허생전〉, 〈호질〉의 저자 박지원은 정조
로부터 문체가 저속하다는 불호령을 받았다. 문제가 된 부분을
수정하여 왕에게 바쳤는데, 이 글 또한 빼어난 터라 정조도 웃을

수밖에 없었다는 일화가 전해진다. 박지원의 글 솜씨는 타의 추종을 불허할 정도였던 것이다.

〈호질〉의 내용은 대략 다음과 같다.

북곽 선생은 도학 높은 대학자로서 존경을 한 몸에 받지만 실은 타락하고 위선적인 양반이며, 동리자는 열녀로 추앙받지만 실은 문란한 성생활로 아버지가 서로 다른 아들 다섯을 둔 과부다. 그러던 어느 날 이 두 사람이 동리자의 집에서 사랑을 속삭이다가 그만 동리자의 아들들에게 들키고 만다. 아들들이 천년 묵은 여우가 북곽 선생으로 둔갑한 것이라며 여우를 잡으려 들자, 북곽 선생은 줄행랑을 치다 똥구덩이에 빠진다. 겨우 나와 보니 이번엔 호랑이가 입을 벌리고 있어 호랑이에게 목숨을 비니 크게 꾸짖고 가 버린다.

양반의 위선을 날카롭게 풍자하는 이 소설은 정조 대 한문 소설의 새로운 흐름을 만들어 낸다. 어떻게 이런 작품이 나올 수 있었을까? 연암 박지원은 정조 탕평 정치의 중심인 규장각 검서관 이덕무, 유득공 등 서얼들과 서슴없이 어울렸는데 이들을 '백탑파'라 부른다. 그리고 역시 서얼 출신 박제가, 이서구 등을 제자로 받아들인다. 〈호질〉은 이런 열린 사고의 결과물이 아닐까 생각해 본다.

1780년 5월에 길을 떠나 6월에 압록강을 건너 8월에 베이징에 이르고, 곧이어 열하(지금의 청더)에 갔다가 10월에 귀국하는 5개월에 걸친 대장정을 기록한 《열하일기》 또한 그렇다. 현재 필사본이 9종 남아 있을 만큼 대단한 인기를 끈 이 책에는 백성들 입에 자주 오르내리는 속담과 농담까지 거리낌 없이 쓰여 있다. 당시 보편적으로 쓰던 상투적이고 점잖은 글과는 전혀 다른 생생한 문체를 구사한 것이다. 게다가 다소 파격적인 내용과 함께 현실에 대한 직접적인 문제 제기를 담고 있어 《열하일기》는 당시 지식인 집단으로부터 비난받기도 했다.

1799년 예순세 살 나이에도 정조의 명에 따라 《과농소초》(농업 서적), 《한민명전의》(토지 개혁안)를 지으며 필력을 과시하던 박지원은 정조 승하 후 5년 뒤 지병인 울화병으로 세상을 떠났다.

다산과 연암은 모두 정조 사후에 중앙 정계에서 배제되고 쓸쓸한 말로를 맞이했다. 마치 조선 시대 후기의 정치 흐름이 세도 정치라는 무덤으로 빨려 들어갔듯이 정조의 문예 부흥도 다산과 연암 사후에 단절되고 만다. 하지만 오늘날에도 그들의 작품은 많은 사람의 사랑을 받고 있으니 정조의 문예 부흥이 허망하게 끝난 것만은 아니라고 할 수 있겠다.

왕정 국가 프랑스에서 대혁명이 일어나다

매년 7월 14일이면 프랑스 파리는 떠들썩한 축제의 장으로 변신한다. 샹젤리제 거리를 따라 퍼레이드가 진행되고, 밤에는 에펠탑을 배경으로 불꽃놀이가 펼쳐지며, 파리에서 가장 유명한 루브르 박물관이 무료로 개방된다. 이 행사의 기원은 1789년 프랑스 대혁명 시기 바스티유 감옥을 습격한 사건으로 거슬러 올라간다. 오늘날 프랑스뿐 아니라 세계사적으로 큰 의미를 지닌 프랑스 대혁명은 어떤 사건일까?

프랑스는 대혁명 이전까지 국왕에게 권력이 집중된 왕정 국가였다. 왕의 권력은 프랑스어로 앙시앵 레짐, 우리말로 번역하면 '구제도'라 불리는 불평등한 신분제에 바탕을 두고 있었다.

앙시앵 레짐은 프랑스 전체 인구의 2퍼센트밖에 안 되는 성직자와 귀족이 세금 면제·관직 독점 등의 특권을 가진 데 반해, 인구의 98퍼센트를 차지하는 평민은 세금을 부담하면서도 정치적으로 발언권이 거의 없는 불평등한 상황이 만들어 낸 사회와 제도를 말한다. 특히 상공업이나 전문직에 종사하면서 경제적으로

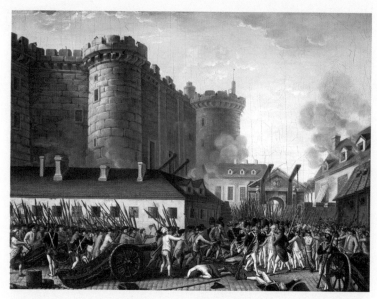

1789년 7월 14일 군중의 습격을 받고 있는 바스티유 감옥. 분노에 찬 군중이 감옥을 점령함으로써 프랑스의 구체제는 막을 내렸다. 프랑스는 7월 14일을 국경일인 '바스티유의 날'로 지정하여 기념하고 있다(그림 17).

부유한 평민들은 매우 큰 불만을 품고 새로운 사회를 만들기 위한 개혁을 요구했다.

그러나 루이 16세는 이런 사회적 분위기에 아랑곳없이 사치스러운 생활을 누리고 전쟁을 치르기 위해 세금을 더 걷으려고 했다. 1789년 즈음에는 자연재해와 흉년 등으로 평민들(농민과 하층 시민)의 생활은 매우 궁핍하여 세금이 늘어나기를 원하지 않았다. 하지만 자신들의 의견을 반영할 수 있는 방법이 없자 독자적으로 국민 의회를 구성하여 구제도를 폐지하고 〈인권 선언〉을 발표하는 등 개혁에 나섰다.

　이에 루이 16세는 국민 의회를 탄압하고, 파리 시민들은 국민 의회를 지키기 위해 바스티유 감옥을 습격한다. 원래 바스티유 감옥은 1370년대에 만들어진 요새였는데 루이 14세 때부터 왕의 말을 듣지 않는 정치범을 가두는 감옥으로 쓰였다. 따라서 바스티유 감옥은 절대 왕정을 상징하는 건물이 되어 있었다. 바스티유 감옥 습격이 성공한 뒤 혁명은 전국으로 확산되었다. 이후 자유, 평등, 민족 등 현대 사회에서 기본으로 삼는 가치가 유럽을 비롯한 전 세계로 확대되어 나갔다.

도망 노비가 양반이 되고 과거 급제를 했다고?

술 잘 먹고 욕 잘하고 게으르고 싸움 잘하고 초상 난 데 춤추기, 불난 집에 부채질하기, 해산한 집에 개 잡기, 장에 가면 억지 흥정, 우는 아이 똥 먹이기, 무죄한 놈 뺨치기와 빚값에 계집 빼앗기, 늙은 영감 덜미 잡기, 아이 밴 아낙네 배 차기, ……만경창파에 배 밑 뚫기, 목욕하는 데 흙 뿌리기, 담 붙은 놈 코침 주기, 눈 않는 놈 고춧가루 넣기, 이 않는 놈 뺨치기, 어린아이 꼬집기, 다된 흥정 깨 놓기, 중놈 보면 대테 메기, 남의 제사에 닭 울리기, 한길에 구멍 파기, 비 오는 날 장독 열기라.

우리가 익히 잘 알고 있는 〈흥부전〉의 "놀부 심술보"다. 원래부터 심술이 많았는지, 아니면 부자가 되고 나서 이렇게 변한 것인지 알 수는 없지만 심보 한번 고약하다. 고약한 심보의 대가로 놀부는 박을 타는 족족 악사, 중, 상여꾼, 무당, 광대 등이 나와서 적게는 100냥에서 많게는 5천 냥까지 털리는 야단을 겪는다. 심지어 박에서 나온 한 노인은 "네 부모가 내 하인이었는데 몰래 도망갔으니 몸값으로 3천 냥을 내거라" 하며 호통을 치기까지 한다. 이처럼 비천하고 가난하던 놀부는 어떻게 양반이 되고 부자가 되었을까?

도망 노비가 양반으로 – 조선 시대 후기의 신분 변동

조선 후기 노비들이 주로 이용한 신분 상승 방법은 도망가서 신분을 속이고 사는 것이었다. 그중에서도 노비의 도망은 어느 시기, 어느 사회에서나 있을 수 있으며 또 있어 왔다. 그러나 조선 시대 이전 어느 시대도 조선 후기만큼 심각하지 않았다. 노비들은 틈만 보이면 도망하여 신분을 속이고 벗어나려 했다. 그리하여 조선 시대 후기에는 노비의 도망이 일상적으로 일어났고, 혼자 감행하는 게 아니라 가족 구성원 전체나 일부가 같이 도망하는 현상이 지배적이었다.

특히 이 시기에 접어들어 노비의 도망이 급증한 이유는 숨어 살 수 있는 곳이 많아졌다는 데에서 찾을 수 있다. 곳곳에서 개발되고 있는 광산 혹은 상업이 발달한 도시, 멀리 떨어진 섬 등에서 얼마든지 자신의 신분을 감추고 생활할 수 있었기 때문에 노비들은 과감하게 도망이라는 방법을 택하게 된 것이다.

또한 그들은 신분을 속여 노비 신분에서 벗어나려 했다. 거짓으로 남의 족보에 올려 신분을 속이는가 하면, 성을 갖추고 양인으로 행세했다. 노비는 본디 성을 사용하지 못하도록 되어 있으나, 버젓이 성명을 제대로 갖추어 생활한 것이다. 도망 노비의 자손 중에는 양인을 모칭하는 데 그치지 않고 왕실 종친 또는 공훈을 세운 양반의 후예임을 사칭하는 자들마저 적지 않았으며, 그들 중에는 실제로 과거에 급제하여 벼슬길에 나아가는 자까지 있었다.

이런 세태를 반영하는 대표적인 작품으로 연암 박지원의 〈허생전〉과 〈양반전〉을 꼽을 수 있다.

〈양반전〉과 〈허생전〉에 나타난 신분 질서의 동요

허생은 집안 형편이 공핍한 데도 매일 글만 읽었다. 그를 대신하여 생계를 잇던 아내가 어느 날 도둑질을 해서라도 돈을 벌어오라고 구박한다. 그러자 허생은 한양 최고 갑부 변 씨를 찾아가 거금 1만 냥을 빌린다. 그러고는 안성 시장에 가서 과일을 싹쓸

이하여 열 배나 되는 폭리를 취하는가 하면, 말총을 싹쓸이하여 망건 값이 오르자 폭리를 취해 처음 빌린 돈을 100배로 불린다.

이것은 〈허생전〉의 줄거리 일부인데, 이 부분만 보아도 〈허생전〉에는 신분보다 경제력이 우선하는 사회적 분위기가 반영되어 있음을 알 수 있다.

또한 〈양반전〉에는 가난한 양반의 모습과 양반의 신분을 사려는 부유한 상민의 모습이 잘 대비되어 있다. 연암 박지원은 다음과 같이 양반의 위선을 풍자한다.

양반이 되면…… 굶주림을 참고 추위를 견디며, 입에서 가난하다는 말을 내지 않아야 한다.

세수할 때에는 주먹의 때를 비비지 말 것이며, 양치질할 때에는 지나치게 하지 말아야 한다. 긴 목소리로 '아무개야' 계집종을 부르고, 느리게 걸으면서 신 뒤축을 끌어야 한다.

손에 돈을 지니지 말 것이며, 쌀값을 묻지도 말아야 한다. 날씨가 더워도 버선을 벗지 말며, 밥을 먹을 때에도 맨상투 꼴로 앉지 말아야 한다. 식사하면서 국물부터 먼저 마셔 버리지 말며, 마시더라도 훌쩍거리는 소리를 내지 말아야 한다. 젓가락을 내리면서 밥상을 찧어 소리 내지 말아야 한다. 막걸리를 마신 뒤에 수염을 빨지 말며, 담배를 태울 때에도 볼이 오목 파이도록 빨아들이지 말아야 한다.

　아무리 분하더라도 아내를 치지 말며, 화가 나더라도 그릇을 차지 말아야 한다. 병이 들어도 무당을 불러오지 말아야 한다. 화롯가에 손을 쬐지 말며, 말할 때에 침이 튀지 말아야 한다. 소백정 노릇을 하지 말며, 돈 치기 놀이도 하지 말아야 한다.

　그리고 양반 중심의 신분 질서가 어떤 폐단을 일으키고 있는지 다음과 같이 언급한다.

　양반은…… 농사짓지도 않고, 장사하지도 않는다. 옛글이나 역사를 대략만 알면 과거를 치르는데, 크게 되면 문과요, 작게 이르더라도 진사. 벼슬을 한 후에는 부유하고 풍족한 생활을 누릴 수 있다. 궁한 선비로 시골에 살더라도 마음대로 행동할 수 있다. 이웃집 소를 몰아다가 내 밭을 먼저 갈고, 동네 농민을 잡아내어 내 밭을 김매게 하더라도, 어느 놈이 감히 나를 괄시하랴. 네놈의 코에 잿물을 따르고 상투를 범벅이며 수염을 뽑더라도 원망조차 못하리라.

　결국 〈양반전〉은 이 말을 들은 부자가 "날더러 도둑놈이 되라는 소리냐?"라며 양반 되기를 포기하고 평생 양반이라는 말을 입에 담지도 않았다는 것으로 끝난다.

　다양한 특권을 지닌 양반이 어느덧 풍자와 비판의 대상이 되고 있는 현실이 작품에 반영되고 있음을 알 수 있다. 이는 부를 축적한 상민이 신분 상승을 추구하면서 양반의 수가 크게 늘어난 만큼 그들의 지위는 흔들릴 수밖에 없음을 보여 준다. 이렇듯 조선 시대 후기에는 양반 중심의 신분 질서가 크게 동요하면서 생활 모습의 변화가 서서히 다가오고 있었다.

김홍도, 신윤복 말고
최북, 김득신도
알고 있을까?

　조선 시대 후기 회화라고 하면 풍속화를 떠올리기 십상이고 대
표 화가로는 흔히 김홍도와 신윤복을 꼽는다. 하지만 그들 말고도
최북, 장승업, 김득신, 윤두서, 이인문, 심사정, 정선 등 쟁쟁한 인
물들이 포진하고 있다. 그들 중 일부의 그림 세계를 살펴보자.

조선 최고의 선비 화가 윤두서

　전라도 해남의 친가 녹우당에 칩거하면서 완성한 혁신적인 그
림 〈윤두서 자화상〉의 나이는 300년을 훌쩍 넘겼지만, 화폭 속
선비의 눈빛은 여전히 이글거린다. 목과 귀가 없는 얼굴, 윗부분

〈윤두서 자화상〉. 윤두서는 문인
이자 화가였으며 겸재 정선, 현재
심사정과 함께 '조선의 3재'로 불
린다. 우리나라에는 고려 시대 이
전부터 자화상이 그려졌다고 한
다. 조선 시대의 인물화는 생김새
에서 나아가 내면 세계를 담아내
는 데 중점을 두었다(그림 18).

이 잘린 탕건, 보는 이를 압도하는 눈매와 정면을 직시하는 형형
한 눈빛. 윤두서의 작품은 한국 미술사학계의 걸작인 동시에 여
러 논란거리를 제공한 문제작이다. 우선 머리통만 그려져 있는
것이 아니냐는 논란은 적외선 투시 분석 결과 상체의 옷깃과 도

포의 옷 주름 선 표현이 남아 있는 것으로 확인되었으며, 현미경으로 확대하여 살펴본 결과 양쪽 귀 또한 왜소하지만 붉은 선으로 그린 사실이 확인되었다.

윤두서의 자화상은 윤곽뿐 아니라 채색도 정밀하게 되어 있으며, 미완성처럼 보이지만 사실 완성품이라 해도 부족하지 않은 치밀하고 정교한 작품이라고 평가할 수 있다.

조선의 고흐 최북

최북은 '조선의 르네상스' 시기로 불리는 영조·정조 시대의 화가다. 1712년 경주 최씨 집안에서 계사(금융 관련 업무를 하는 직책)로 일하던 최상여와 기생 사이에서 태어났다고 하는데, 그의 별난 성격을 알 수 있는 다음의 일화가 전해진다.

지체 높은 양반 한 사람이 그림을 그려 달라는 요청을 했는데, 감히 최북이 거절하자 그는 화가 치밀어 곤장을 맞기 싫으면 그림을 그리라고 강요했다. 그러자 최북은 "남이 나를 저버린 게 아니라 내 눈이 나를 저버린 것이다"라고 소리를 지르고는 옆에 있는 붓대로 자신의 눈을 찔렀다. 최북의 눈에서 피가 철철 흐르는 것을 본 양반은 기겁을 하고 달아났다.

최북의 대표작이라고 할 수 있는 〈풍설야 귀인도〉는 붓 대신 손가락에 먹물을 묻혀서 그린 지두화로 유명하다. '눈보라 치는

〈풍설야 귀인도〉. 이 그림은 "날이 저물고 푸른 산은 먼데 / 차가운 하늘 아래 시골집이 쓸쓸하구나 / 사립문에 개 짖는 소리 들리더니 / 눈보라 치는 밤에 돌아온 사람"이라는 당나라 문인 유장경의 한시를 그림으로 표현한 것이다(그림 19).

밤에 돌아온 사람'이라는 뜻을 가진 제목의 이 그림으로 알 수 있듯이 산수화에 뛰어나서 '최산수'라고 불렀다. 또 '최메추라기'라는 별명이 있을 정도로 화훼와 짐승 그림에도 뛰어난 재주를 보였다. 실제로 부산, 평양 등을 오가던 다른 나라 사람들도 최북의 그림이라면 서로 사 가려고 했다는 이야기가 전해진다.

단원 김홍도의 계승자 김득신

김득신은 조선 시대 후기 대
표적 화원 김응리의 아들이며
김홍도의 화원 선배이자 스승으
로 알려진 김응환의 조카다. 개
성 김씨 가문은 김응환 때부터
도화서 화원을 꾸준히 배출하는
명문이었다. 따라서 김득신 집
안 구성원은 절대다수가 화원이
었고, 김득신의 두 동생과 세 아
들 모두 화원이었다. 선대의 인
맥과 도화서 활동을 통해 이인
문, 김홍도, 신한평 등의 화원들
과 교유했다. 특히 풍속화에서
김홍도를 가장 잘 계승한 인물
로 꼽힌다.

김득신은 1772년 궁중 행사에
참여한 기록으로 보아 열여덟 살

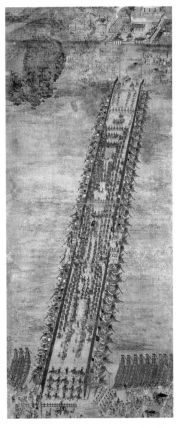

〈한강 주교 환어도〉. 정조가 어머니 혜경궁 홍 씨
의 회갑을 기념하여 아버지 사도 세자의 묘소가
있는 수원에 행차했을 때 치른 주요 행사를 여덟
폭에 나누어 그린 〈화성 행행도 병풍〉 중 한 폭이
다(그림 20).

이전에 화원으로 활동을 시작한 듯하다. 1815년까지 44년간 20여
차례 궁중 행사에 차출되었는데, 마흔세 살 되던 해에 〈화성 능

〈파적도〉. '평온함을 깬다'라는 뜻의 파적이 의미하듯, 조용하던 앞마당에 고양이가 나타나 병아리를 물고 도망가자, 닭은 놀라서 날아오르고 남자는 긴 담뱃대로 고양이를 때리려 하는 순간의 소동을 포착한 그림이다(그림 21).

행도〉병풍 제작에 참여했다. 그중 김득신과 최득현이 가장 후한 상을 받았다고 하므로 김득신이 주도적인 역할을 담당했음을 알 수 있다. 풍속화에도 뛰어나 정조는 부채에 그린 김득신의 그림을 보고 "김홍도와 백중지세다"라고 했으며, 화원으로 종3품 초도첨절제사의 지위에 올랐다. 그러나 활약에 비해 생애에 대해 그다지 알려진 바가 없어 생몰 연도조차 정확하지 않다.

　도망가는 고양이와 놀라서 날아오르는 새의 역동성이 일품인

〈파적도〉를 포함한 김득신의 그림은 상황에 꼭 맞는 역할을 하는 인물들을 등장시키고, 그들의 시선과 감정을 움직임을 통해 표현한다. 김홍도의 풍속화와 같은 듯 다른 김득신 특유의 개성이 돋보이는 요소로는 선택적인 명암, 단순한 배경을 통한 주인공의 부각, 소재에 맞게 구사하는 다양한 필치 등을 꼽을 수 있다.

술에 취해 그림을 그리는 신선 장승업

장승업은 자기 이름조차 쓰지 못하는 일자무식이지만 조선 시대 후기를 대표하는 화가가 된 인물로 호는 오원이다. 오원이라는 호를 갖게 된 유래에 추사 김정희가 지어 주었다는 설과 단원 김홍도와 혜원 신윤복의 호에 착안해 '나도 원이다'라는 의미를 담았다는 설이 있다. 장승업은 일찍 부모를 여의어 고아가 되어 떠돌다가 역관의 집에서 머슴살이를 하며 어깨너머로 그림을 배웠다. 그가 할 줄 아는 것이라고는 그림을 그리는 것뿐이고 재능도 있어 곧 이름을 날리기 시작했다.

고종은 그의 그림 실력을 소문으로 듣고 궁중으로 불러 병풍 여러 점을 그리게 했다. 그런데 본디 얽매이기를 몹시 싫어 한 장승업이 숨 막힐 듯한 궁궐 생활을 견딜 리 만무했다. 그는 몰래 궁궐을 빠져나와 술을 마시곤 했는데 꼬리가 길면 밟힌다고 결국 발각되고 말았다. 노발대발한 고종이 그를 당장 하옥시키려

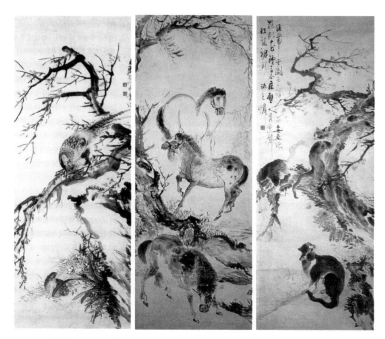

왼쪽부터 〈꿩과 메추라기〉, 〈삼준도(말)〉, 〈유묘도(고양이)〉. 돈과 명예보다는 자유와 술을 좋아한 장승업은 많은 작품을 남겼다. 또 그는 꽃병·화분 등의 그릇과 꽃·채소를 함께 그리는, 서양화의 정물화와 비슷한 기명절지도를 창안했다(그림 22~24).

했다. 그때 민영환이 나서서 자신이 장승업과 가까우니 자신의 집에 가두어 두고 그림을 끝내도록 하겠다고 청을 올려 가까스로 고종의 허락을 받아 냈다. 이렇게 궁중 화원으로 일했지만, 서울 광통교(청계천에 있던 다리) 부근에 '육교 화방'이라는 개인 화실을 연 생활인으로서의 이력도 있다.

사슴에게 경전을 가르치는 신선의 풍모를 담은 〈녹수선경〉은

주문화만 그린 오원답지 않게 자신의 내면을 솔직하게 그린 것으로 추정되는 작품인데, 신선의 얼굴이 그의 자화상이라는 해석이 있어 흥미롭다. 〈호취도〉는 〈꿩과 메추라기〉와 한 쌍을 이루는 그림으로, 일본 유현재에 소장된 〈삼준도(말)〉와 도쿄 국립 박물관에 소장된 〈유묘도(고양이)〉와 함께 같은 폭에서 떨어져 나간 것으로 추측된다. 이처럼 장승업은 산수, 인물, 꽃과 새, 동물과 게 등 다양한 소재를 뛰어난 솜씨로 풀어냈다.

장승업은 그림을 그려 달라고 청하는 사람들의 집을 전전하며 동가식서가숙했는데, 왕으로부터 상인에 이르기까지 다양한 계층의 사람들이 그에게 그림을 부탁했다. 그는 쉰다섯 살로 세상을 떠났으나 구속받기를 꺼린 장승업답게 어디에서 어떻게 죽었는지 알려진 바가 없다. 장승업을 아는 이들은 그가 술을 찾아 신선이 되었을 것이라며 명복을 빌었다고 한다.

《조선왕조실록》에 기록된 연예인 광대

조선 시대에 무당굿이나 장날 씨름 구경만큼 인기를 끈 길거리 공연은 산대놀이(가면극)와 판소리를 꼽을 수 있다. 여기에는 음악을 담당하는 전문적인 악공과 연극이나 놀이를 주로 하는 광대들이 등장한다.

드라마 〈동이〉의 오빠 동주는 장악원(오늘날의 국립 국악원)의 악공으로 해금을 연주한다. 장악원은 글자 그대로 음악을 관장한 관청이다. 동주는 천인 신분으로 어떻게 중앙 관청에 들어갈 수 있었을까? 통상 악공은 관노비 중에서 취재를 통해 선발했다(취재는 재주를 시험하여 뽑는 것을 이르는 말로, 제비를 뽑아 나온 시험곡을 연주하여 선발했다). 이들은 일정 기간이 지나면 승진하여 품계를 받기도 했지만, 제대로 익히지 못한 경우에는 관원들의 일을 거드는 구사(심부름꾼)로 일했다. 《경국대전》에 따르면 이곳에 소속된 예술인의 규모는 악사와 악공, 기녀 등을 통틀어 약 1천 명가량이었다고 한다.

조선 시대 광대들의 신분은 매우 낮지만 국가의 주요 행사에 동원된 중요한 존재였다. 당연히 이런 커다란 규모의 행사에는 전국의 실력자들이 불려 나왔다. 영화〈왕의 남자〉에도 묘사된 인물 공길의 이름이《연산군일기》에 나올 정도로 광대에 대한 관심은 뜨거웠다.

국가적 행사 외에 광대들의 주 수입원은 과거 급제자들을 위한 행사였다. 1894년 갑오개혁으로 인한 사회적 변화에 따라 일부 판소리 명창을 제외하고 광대들은 새로운 활로를 모색해야만 했다. 급기야 1900년대 접어들면서는 광대들 상당수가 사당패라는 떠돌이 예인 집단이 되었고, 당연히 공연 종목들도 줄어들어 일제 강점기에 이르러서는 판소리와 줄타기 등 몇몇 목록만 남게 되었다.

그 밖에 소설을 읽어 주는 강독사나 길거리 가수가 새로운 연예인으로 등장했다. 또한 연암 박지원의〈민옹전〉에는 민유신이라는 이야기꾼이 음식도 못 먹고 잠도 못 자는 박지원의 병을 고쳐 주는 내용이 나오는데, 이처럼 양반으로부터 신분이 낮은 사람까지 많은 사람에게 즐거움을 준 이들은 늘 최하층 신분인 천민으로 분류되었다. 양반, 중인, 상민, 천민의 네 신분층으로 구분되던 조선의 신분 질서 속에서 무당, 광대와 더불어 노비, 백정, 기생은 천민에 포함되었다.

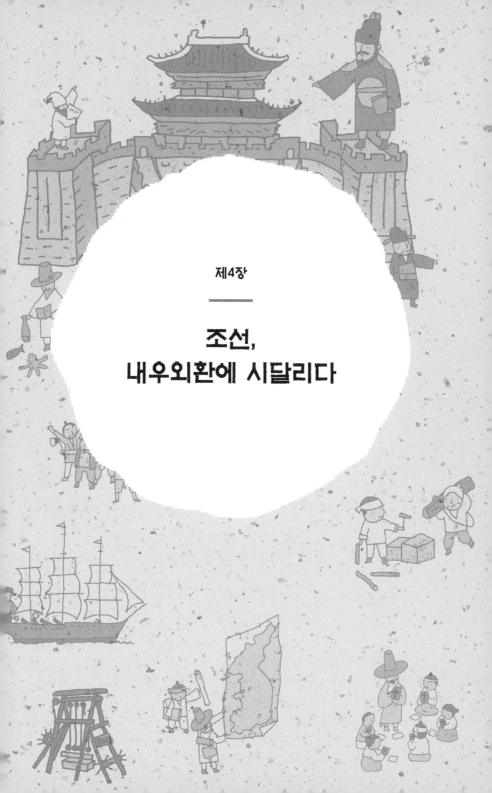

제4장

조선,
내우외환에 시달리다

나라를 쥐락펴락한 세도 가문은 어떤 집안일까?

임금께서 돌아가셨다!

어렵게 왕위에 올라 24년 동안 나라를 다스린 정조가 세상을 떠났다. 죽음의 시작은 단순한 종기였다. 그 종기가 점점 커지더니 아무도 예상하지 못한 순간에 마흔아홉 살 젊은 나이에 세상을 떠났기에 누가 왕을 살해한 것이 아닌가 하는 소문이 돌았다. 정조의 뒤를 이을 세자는 이제 겨우 열한 살이었다. 정조가 세상을 떠났을 때, 왕실의 최고 어른은 정순 왕후였다. 대왕대비로서 권력을 잡은 정순 왕후는 정조의 뜻에 따라 안동 김씨 김조순의 어린 딸을 순조의 왕비로 맞이했다.

모든 권력이 정순 왕후에게 모이는 듯했다. 하지만 그것은 잠시였다. 딸을 왕비로 들인 김조순에게 권력이 모여들기 시작했다. 왕이 권력의 중심에 있는 조선 왕국. 그러나 어린 왕은 허수아비에 불과하고 권력이 왕비의 집안으로 쏠렸다. 그 후 60여 년간 조선은 몇몇 가문이 나라를 쥐고 흔드는 세도 정치 시대로 접어든다.

60년 세도 정치의 시작

왕권! 이대로 좋은가?

영조의 부인 정순 왕후가 어제 세상을 떠났다. 정순 왕후는 정조 임금이 돌아가신 이후 11세 어린 나이에 불과한 손자(순조)를 대신해 왕실 최고 어른으로서 수렴청정을 실시했다. 이 기간 동안 정순 왕후는 노론 세력에 대항하던 소론 세력을 조정에서 제거하고, 장용영을 폐지하는 등 정조가 펼친 개혁 정치를 이전의 정치로 되돌려 놓았다. 또한 천주교 탄압을 구실로 남인과 소론 등 반대 세력을 몰아내고 권력을 장악했다. 그런데 왕(순조)이 몸소 정치를 하게 되면서 정순 왕후의 힘은 급격히 약화되어 권력의 중심에서 밀려난 지 1년 만에 세상을 떠났다.

한 정치 전문가는 "정순 왕후가 세상을 떠나면서 왕실의 힘이 약화되고, 왕의 장인 김조순의 세력이 크게 강해질 것"이라고 내다 보았다. 정순 왕후가 자신의 반대 세력을 모두 내쫓은 상태에서 김조순 대감에 맞설 만한 힘을 가진 세력이 현재로서는 보이지 않기 때문에 이 예상이 현실이 될 것이라고 보는 학자가 많다.

일부 정치 전문가는 이처럼 왕비의 가문이 권력을 차지하고 이루어지는 정치 형태를 '외척 세도 정치'라고 부르며, 왕권이 약화된 뒤 어떤 사태가 벌어질지 걱정된다고 말하고 있다. 또 다른 전문가는 김조순 대감이 세력을 강화하기 위해 안동 김씨 일가친척을 중앙 정치 무대로 끌어들일 것이라고 예상하기도 한다.

— 1805년 2월 12일자《한양일보》, 바른말 기자

정조는 열한 살짜리 아들을 후원해 줄 사람으로 김조순을 골랐다. 김조순을 지방관으로 보내지도 않고 항상 곁에 두고, 김낙순이라는 본명을 대신할 김조순이라는 이름을 손수 지어서 하사할 정도로 신임이 두터웠다.

그런 김조순의 딸이 순조의 왕비가 되었다. 즉위 4년 후 순조가 직접 나라를 다스리자, 정순 왕후는 권력에서 밀려나고 그 자리를 김조순이 차지했다. 이미 정순 왕후에 의해 정치 세력 대부분이 제거된 터라 김조순이 비변사를 비롯한 권력 기관에 자신의 일가친척을 앉히면서 안동 김씨 가문에 권력이 집중되었다. 순조 이후 헌종과 철종에 이르기까지 허약한 왕권 아래 안동 김

씨와 풍양 조씨 등 왕비를 배출한 가문들이 권력을 잡고 정치를
펼치는, 60년 세도 정치의 막이 올랐다.

관직을 사고팔다

부르는 게 값! 수령 4만 냥, 관찰사 10만 냥!

정부의 중요 관직을 안동 김씨가 독차지하면서 사회의 여러 분
야에서 질서가 크게 흔들리고 있다. 가장 대표적인 것이 과거 시험
이다. 김조순에 이어 아들 김좌근과 그 형제들에 이르기까지 안동

김씨가 권력의 중심을 차지하면서 사람들 사이에서는 "과거 제도의 공정성이 무너지고 이미 합격자가 정해져 있다"라는 소문이 파다하게 퍼져 있다. 실제로 과거 시험 현장에서는 시험지 바꿔치기, 대리 시험 치기, 채점자와 짜고 답안지 바꾸기 등 온갖 수단이 동원되어 부정이 이루어지고 있는 것으로 드러났다. 사람들은 안동 김씨 집안에서 연이어 과거 합격자를 배출한 사실이 이를 증명하는 것이라고 주장하고 있다.

그런데 최근에는 이에 한술 더 떠서 굳이 과거 시험을 거치지 않고도 관리가 될 수 있는 편법이 있다는 소문이 장안에 널리 퍼지고 있다. 어느 양반 댁 첩의 손에서 관직이 거래되고 있다는 정보를 확인하고 며칠 동안 지켜본 결과, 주변을 살피며 그 집으로 들어가는 양반 차림의 사람들을 다수 확인할 수 있었고 포도청에 신고했다. 포도청 조사 결과 그 여인은 안동 김씨 김좌근의 첩으로 판명되었다. 첩을 통해 돈을 받은 김좌근은 액수에 따라 높고 낮은 관직을 팔아서 전국의 돈을 긁어모으고 있는 것으로 밝혀졌다.

이름을 밝히지 말아 달라며 인터뷰에 응한 한 관리는 "관직에 따라 가격이 정해져 있습니다. 예를 들자면 소과에 합격해 진사나 생원이 되려면 3만 냥, 대과에 합격하려면 10만 냥, 수령을 하고 싶으면 4만 냥, 관찰사와 같은 높은 자리는 10만 냥이 넘어갑니다"라며 자신은 준비한 돈이 부족해 아직 여기저기에서 돈을 끌어모으는 중이라고 했다.

— 1845년 4월 15일자 《한양일보》, 본대로 기자

세도 정치 아래에 과거제가 무너지고 돈을 주고 관직을 사고
파는 매관매직이 널리 퍼졌다. 이는 곧 관리 사회의 부정부패로
이어졌다. 관리가 되기 위해 쏟아부은 돈을 되찾기 위해 지방의
수령들은 온갖 핑계로 세금과 돈을 거두었다.

삼정의 문란이 발생한 것이다. 정부에서는 이를 막아 보고자
암행어사를 파견하고 세금 문제를 해결하고자 삼정이정청을 설
치했지만, 삼정의 문란 그 꼭대기에는 물론 세도 가문이 자리 잡
고 있었다. 세도 가문이 망하지 않는 한 해결할 수 없는 문제였
다. 세도 가문의 주머니 속으로 들어간 돈을 백성이 메우는 실정
이라 백성들은 각종 부당한 세금을 내느라 허리가 휘어질 지경
이었다. 힘겨운 현실을 잊으려 천주교와 동학 같은 종교에 의지
하기도 하고, 참다못해 도망을 가거나 반란에 가담했다. 세도 정
치가 나라를 무너뜨리고 있었다.

왕실보다 막강한 가문 안동 김씨

인생 역전! 강화도 농민 이원범 씨, 조선의 왕위에 오르다

지난 1849년 6월 강화도에서 농사를 짓던 이원범 씨가 조선의

제25대 임금 자리에 올라 철종이 되었다. 헌종이 자식 없이 23세 나이에 갑작스럽게 세상을 떠났으므로 누가 뒤를 이어 왕이 될 것인가는 백성들의 가장 큰 관심거리였다.

왕위는 왕에게서 아들에게로 이어지는 것이 원칙이지만,《경국대전》에서는 왕위를 이을 아들이 없는 때에는 가까운 친척 중에서 적당한 후보를 골라 왕위를 잇도록 정하고 있다. 성종, 영조 등 이런 경우가 이미 여러 차례 있었다. 그러나 이와 같이 아들이 없어 친척이 왕위를 이을 때에도 항상 동생이나 조카처럼 세상을 떠난 왕의 아랫사람이 왕위를 잇는 것이 원칙이다. 이 때문에 철종이 왕위에 오른 것을 두고 여기저기에서 의외라는 반응이 나오고 있다.

한 왕실 전문가는 "왕위에 오른 이원범 씨는 관계를 따져 볼 때 앞서 돌아가신 헌종 임금의 삼촌에 해당한다. 이것은 매우 이례적인 일로, 왕실에서 왜 이런 무리한 왕위 계승을 밀어붙였는지 이해할 수 없다!"(〈철종을 둘러싼 가계도〉 참조)라고 했다.

이에 대하여 왕실 사정에 정통한 내관은 "이번 왕위 계승은 자신들의 권력 강화에 눈이 먼 안동 김씨 일족이 왕실 법도에 어긋난다는 것을 알면서도 일을 추진한 결과"라고 말했다. "억지인 것을 알면서도 철종 임금을 왕위에 올린 까닭은 무엇인가?"라고 묻는 기자의 질문에 "강화도에서 농사를 지으며 간신히 연명해 오던

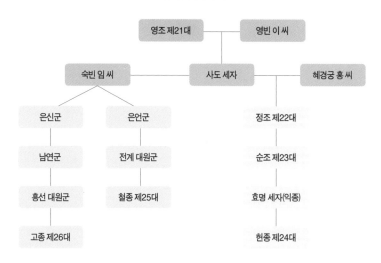

철종을 둘러싼 가계도

이원범을 왕위에 올리면 조정을 장악한 안동 김씨가 더욱 쉽게 자신들의 뜻대로 나라를 운영할 수 있다"라고 귀띔해 주었다.

백성 사이에서는 이번 일을 두고 '인생 역전'이라는 말이 유행하고 있다고 한다. 또 새 왕을 '강화 도령'이라는 별명으로 부르는 비아냥거림도 쉽게 들을 수 있다. 순조와 헌종의 뒤를 이어 지금의 새 임금에 이르기까지 안동 김씨 일가는 자신들이 마치 조선의 왕실인 양 대물림하며 권력을 휘두르고 있다.

새 왕의 미래가 밝지 않다는 전문가들의 예상이 많은 것이 사실이다. 백성들 역시 이번의 왕위 계승 문제를 보면서 "아무쪼록 우리 백성들이 편안하게 먹고살 수 있는 나라가 되었으면 좋겠다"라며 근심 어린 시선으로 궁궐 쪽을 바라보고 있다.

— 1849년 6월 30일자 《바른신문》, 집요한 기자

안동 김씨 세력에 눌려 지낸 순조는 세도 정치를 끝내고자 풍양 조씨 가문에서 며느리를 들였다. 안동 김씨로부터 벗어나기 위한 큰 그림이었다. 하지만 효명 세자가 스물두 살 한창 나이에 갑자기 세상을 떠나면서 순조의 계획은 틀어졌다. 아들이 죽고 4년 후 순조마저 세상을 떠나면서 왕위는 효명 세자가 남긴 여덟 살 난 헌종에게 전해졌다.

헌종이 왕위에 오르고 나서는 외가인 풍양 조씨 세력이 권력을 장악했다. 그것도 잠시 헌종이 즉위 15년 만에 자식을 보지 못한 채 세상을 떠나자, 순원 왕후(순조의 왕비로 안동 김씨)가 헌종 시대와 마찬가지로 수렴청정을 시작하며 안동 김씨의 세도 정치는 계속되었다.

헌종에 이어 왕위에 오른 철종은 역모 사건에 연루되어 강화도로 귀양 간 은언군의 후손으로, 기나긴 세월 동안 왕실에서 잊힌 채 농사꾼으로 근근이 살아가고 있었다. 그러니 허수아비 왕을 앉혀 놓고 자기들 마음대로 세상을 주무르려는 안동 김씨 가문의 생각에 딱 들어맞는 인물이었다. 철종의 부인이 된 철인 왕후 역시 안동 김씨라는 사실은 세도 정치가 계속되었음을 여실

히 보여 준다.

이렇게 제23대 순조에서 제25대 철종까지 60여 년간 이어진 세도 정치와 그로 인한 부정부패는 백성들을 더욱 고통스럽게 하여 마침내 민란이라는 형태로 폭발하기에 이르렀다.

아편 때문에 일어난 전쟁

다른 나라에서 온 외국인들이 영국에 아편을 가져와 아편을 피우도록 부추긴다면, 여왕께서도 크게 분노하시어 이를 제거하고자 하는 방법을 찾지 않으시겠습니까?

—1839년 임칙서가 영국 빅토리아 여왕에게 보낸 편지

1838년 12월 도광제는 임칙서에게 아편 밀수를 금지하는 임무를 맡겼다. 임칙서는 광저우 도착 즉시 악명 높은 아편 밀매상을 체포할 것을 명령한 후 재입국이 불가능한 강제 출국 조치를 내렸다. 또한 외국 상인에게 사흘의 말미를 주며 아편을 제출하라고 통지했다.

외국 상인들은 임칙서의 이 통지를 진지하게 받아들이지 않았지만 만약의 경우를 대비해 아편 1,056상자를 임칙서에게 넘겼다. 아편 재고가 그 정도일 리 없다고 판단한 임칙서는 상관에 고용된 중국인들을 철수시키는가 하면 식량 반입을 금지시켜 나머지 아편을 모두 내놓도록 압력을 가했다. 이와 같은 강력한 아편

단속 탓에 판매가 어려워지자, 상인들은 어쩔 수 없이 900만 달러에 달하는 2만 283상자의 아편을 내놓았다.

하지만 임칙서는 광저우(광주) 항구를 폐쇄하지 않고 아편을 판매하지 않겠다는 서약을 하는 배의 입항을 허락하기도 하여 서양과의 무역을 완전히 단절하려는 생각이 아니었다. 그뿐 아니라 몰수한 아편 한 상자당 차 다섯 근으로 보상해 주려고 했다. 그러나 더 큰 이익을 노리는 영국의 이해 당사자들은 이를 거절했다. 임칙서의 의도와 상관없이 영국 정부는 이미 전쟁을 향한 과정을 밟고 있었다. 임칙서의 행위는 영국에 대한 모욕으로 포장되고 임칙서에게 쫓겨난 아편 밀수업자, 대중국 무역과 관련 있는 공업·상업·해운업·금융업 분야의 자본가들은 새로운 시장을 위해 전쟁을 부추겼다.

임칙서는 1840년 아편 전쟁이 터지기 전에 이미 서양 선교사들로부터 서양 군사학에 대한 지식을 확보해 두었고, 광저우의 지식인들과 함께 초보적인 수준이나마 대포와 증기선 등을 마련하고 병력을 보강하는 등의 노력을 기울였다. 그 결과 영국군의 광저우 침략을 막아 낼 수 있었다.

아편 전쟁을 치르기 위해 파견된 영국 함대는 그 모습을 보고 광저우 공략을 포기하는 대신 함대를 톈진으로 북상시켰다. 한편 청나라 조정에서 임무를 제대로 수행하지 못했다는 죄를 물어 임칙서를 해임하는 바람에 결과적으로 전쟁에서 패하고 만다.

패전으로 청나라는 영국에게 막대한 배상금을 지불하고 5개 항구를 개항함과 동시에 홍콩을 빼앗긴다(난징 조약). 이때까지 만 해도 서양 열강들은 청나라에 대해 '대국', '동양의 잠자는 사자', '침묵의 강자'라는 신비로운 이미지를 갖고 있었으나, 아편 전쟁 이후 허약하기 짝이 없는 실체가 고스란히 드러나자 중국 은 종이호랑이로 전락했다. 중국은 베이징 조약을 맺은 후 변변히 맞서 보지도 못하고 서구 열강에 침탈당하게 되었으며, 나아가 아시아에서는 중화 우위의 질서가 무너지는 계기가 되었다.

삼정이 문란해지면 백성들은 어떻게 될까?

"삼정이 문란하여 백성들의 고통이 매우 심해졌습니다. 그중에서도 가장 큰 고통은 환곡 제도에 있습니다. 인구가 얼마 되지 않는 지방의 작은 고을에도 어마어마한 환곡이 배정되고 그 환곡을 갚아야 할 농민들은 허리가 휘어집니다!"

진주에서 일어난 농민 봉기의 원인을 파악하라고 내려보낸 박규수가 올린 상소는 이렇게 시작한다.

"민란의 원인은 삼정의 문란에 있습니다. 삼정의 문란을 담당할 특별 관청을 설치하여 이 문제를 서둘러 해결해야 합니다!"

삼정의 문란은 백성들의 고통으로 이어졌다. 처음에는 참았다.

그러나 참아 넘길 수 있는 수준을 넘어서고 있었다. 일부 농민은 한밤을 틈타 마을을 떠났다. 어디로 가는지 아무에게도 알리지 않았다. 어떤 이들은 깊은 산속에 숨어 화전민이 되었다. 가파른 산턱에 조그만 밭을 일구어 식량을 해결했지만 빼앗기는 것이 없으니 살 만했다.

고향에 남은 사람들은 서서히 불만을 드러내기 시작했다. 아무도 모르게 수령의 비리를 고발하는 벽서를 붙이기도 하고, 깊은 밤 횃불을 들고 수령이 있는 관아를 향해 고함을 지르며 시위를 벌이기도 했다. 고향을 떠난 사람들이 모여 도적 떼가 되거나 불만을 품은 농민들이 힘을 모아 무력 저항을 하기 시작하면서 정부는 대책을 세워야 했다.

삼정이 어지러워진 것이 어떻게 백성을 괴롭혔기에 도적이 되고 무력 저항에 나서게 했는지 그 궁금증을 풀어 보자.

Q 백성들의 생활은 왜 그렇게 어려웠을까?

A 임진왜란과 두 차례의 호란을 겪은 후 백성들의 삶은 바닥에서 헤어날 길이 없었다. 이런 상황이지만 국가를 움직이기 위해서는 세금이 필요했다. 영정법과 균역법·대동법을 차례로 실시하면서 가난한 백성들의 세금은 줄이고, 땅이 있는 지주들의 세금을 늘리는 방법으로 이 문제를 해결하고자 했다. 이

같은 세금 제도 개혁은 어느 정도 성과를 거두어 백성들의 부담이 일시적으로 줄어들기도 했다. 하지만 그때뿐이었다. 세도 정치가 등장하여 매관매직이 성행하자 막대한 돈을 들여 관직을 마련한 자들은 갖가지 핑계를 대서 정해진 것 이상의 세금을 걷어 관직을 사는 데 들인 것 이상으로 돈을 뽑아 갔다. 국가에서 걷는 대표적인 세금 세 가지, 전정(토지에 부과하는 세금)·군정(군역을 군포로 대신하는 것)·환곡(환정이라고도 한다. 흉년이나 춘궁기에 곡식을 빌려주었다가 추수기에 이자를 붙여 갚도록 한 것)을 사람들은 '삼정'이라고 불렀다. 삼정이 혼란해지면서 세도 정치 시기 이 땅에 살던 백성들의 삶은 고통으로 바뀌었다.

Q 전정은 어떻게 백성들의 부담이 되었을까?

A 이 시기에는 토지 조사가 제대로 이어지지 않아 땅의 주인이 누구인지 모르는 공터, 황무지 등에도 세금을 매겨서 강제로 빼앗아 갔다. 부패한 관리와 지방 지주 들이 손을 잡아 지주들의 땅에는 세금을 부과하지 않으니, 부자는 면제되고 가난한 자는 오히려 더 내는 일이 벌어졌다. 여기에서 끝이 아니다. 백성들은 수령이 부과하는 여러 잡세를 내야 하기에 그 부담은 더욱 커졌다.

진결(황무지에 세금 매기기)

도결(정해진 것보다 많이 빼앗아 가기)

Q 군정에는 어떤 부정행위가 있었을까?

A 균역법 실시로 군포를 1인당 두 필에서 한 필로 줄였지만, 한
   집에 보통 남자가 두세 명 정도는 있기 때문에 백성에게는 큰

부담이 되었다. 군포 한 필을 쌀로 바꾸면 12두였는데, 땅을 빌려 농사짓는 가난한 농민의 1년 수입이 300두 정도였다고 한다. 한 집에 남자가 세 명 이상이면 전세(논과 밭에서 생산되는 것에 대한 세금)보다 많은 군포를 내는 셈이었다.

백골징포(죽은 사람 이름으로 군포 걷기)

황구첨정(어린아이에게도 군포 걷기)

Q 백성을 돕기 위한 환곡이 왜 세금처럼 되었을까?

A 무조건 봄에 환곡을 나누어 주고 가을에 아주 높은 이자를
쳐서 거두어들였다. 정부가 고리대를 운영한 것이다. 장부를
거짓으로 작성해 빌리지도 않았는데 이자를 받아 내는 등 각
종 부정이 더해졌다. 환곡은 삼정 중에서 백성들에게 가장
큰 부담이 되었다.

늑대
(농민에게 강제로 곡식을 빌려주고 높은 이자 받아 내기)

분석
(모래와 겨를 섞어 빌려주고 쌀로 받아 내기)

백성들은 왜 암행어사 출두를 고대했을까?

"주상 전하께서 지금 당장 희정당으로 들라 하십니다."

여느 때처럼 승정원에 출근해서 일을 시작하려는데 낯선 이가 다가와 속삭이며 왕의 명령을 전했다. 두말없이 그를 따라갔다. 그 자리에는 왕을 기다리는 사람이 이미 여럿 있었다. 곧이어 임금께서 들어와 "지방으로 내려가서 잘했으면 좋겠소!"라며 봉투를 한 통씩 건네셨다. 순간 '암행어사?' 하는 생각이 머릿속을 스쳤다.

봉투 앞면에는 "도남대문외개탁"이라고 적혀 있었다. '남대문 밖에 이르러 열어 보라'는 뜻이다. 아무 말도 하지 않고 봉투를 소매 속에 넣은 채 크게 절하고 그 길로 궁궐을 빠져나왔다. 남대문 밖에 이르러 발길이 뜸한 곳에 앉아 봉투를 열었다. 흉년이 심해 진휼미를 보냈으나 백성들의 형편이 전혀 나아지는 기미가 보이지 않는 전라도 지역으로 가 암행어사 임무를 수행하라는 명이었다.

지방에 관리가 없는 것도 아닌데 왜 굳이 비밀리에 암행어사를 보내 백성들의 생활을 살펴보아야 했을까? 그 이유와 암행어사의 역할을 확인해 보자.

Q 왜 암행어사를 파견했을까?

A 조선의 왕들은 가난한 사람을 구제하기 위해 적극적으로 나섰다. 곡식이 부족한 곳에 곡식을 보내 굶주리는 사람들을 돕고자 했다. 백성들의 불만이 쌓이면 곧 반란으로 이어져 나라가 크게 흔들릴 수 있기 때문이었다. 그런데 여기에 부정한 관리들이 끼어들었다. 백성에게 돌아가야 할 곡식을 빼돌려 자신들의 배를 채우기에 급급했던 것이다. 한양에 앉아 있는 왕이 모든 것을 해결할 수는 없었다. 왕으로서는 믿을 만한 사람을 보내 부정한 관리들을 단속하고 백성들이 고통에서 벗어나게 할 방법이 필요했다. 전국에 파견되어 왕의 귀와 눈 역할을 대신한 이들이 바로 암행어사다. 다시 말해

암행어사는 말 그대로 신분을 감추고 몰래 다니며(암행) 백성들을 보살피도록 왕이 직접 파견한 관리다(어사).

Q 암행어사는 아무 곳이나 원하는 곳을 갈 수 있었을까?

A 누가 어느 곳으로 향하는지는 철저히 비밀에 부쳐졌다. 암행어사 파견이 결정되면 왕 앞에는 각 고을의 이름이 적힌 댓가지가 꽂힌 통이 놓인다. 왕이 그 속에서 직접 한 개를 뽑으면 댓가지에 적힌 곳이 암행어사가 돌아보아야 하는 고을인 것이다. 댓가지를 뽑기 전에는 왕을 포함해 누구도 암행어사가 어디로 파견될지 알 수 없었다.

Q 암행어사는 무엇을 지니고 다녔을까?

A 암행어사가 되면 왕으로부터 사목책 한 권, 유척 두 개 그리고 암행어사의 상징인 마패를 받았다. 사목책이란 암행어사가 해야 할 일을 적은 책이다. 가장 중요한 임무는 수령들이 잘 다스리고 있는지를 판단하는 것이었다. 유척은 네 면에 각각 다른 눈금이 새겨져 있는 막대 모양의 자로, 수령들이 제멋대로 세금의 양을 늘렸는지를 확인하기 위해 정부에서 만든 것이다. 마패는 원래 조선의 관리들이 역에서 말을 이용할 수 있는 증명서와 같은 역할을 하던 것인데, 신분을 속이

기 위해 허름한 차림을 하고 다니는 암행어사가 신분을 밝힐 때 주로 사용하는 증명서이자 도장의 기능을 했다.

Q 암행어사는 혼자 걸어 다녔을까?

A 암행어사는 자신의 신분을 숨기기 위해 허름한 복장으로 수행원 한두 명과 다녔다. 사실 그보다 훨씬 많은 사람과 함께 움직였지만, 신분이 드러나지 않도록 여러 무리로 나누어 서로 다른 구역을 돌아보고 한곳에 모여 그동안 살펴본 정보를 정리하곤 했다.

조선 시대에는 오늘날과 같은 교통수단이 없는 데다 함부로 신분을 밝힐 수 없는 암행어사는 몇 달 동안 걸어서 수백, 수천 리를 돌아다녀야 했다. 맑은 날에는 100리(약 40킬로미터)를 걷는가 하면 비 오는 날이면 영락없이 발이 묶였고, 높은 산을 넘는가 하면 깊은 강을 건너기도 하면서 자신에게 맡겨진 지역을 돌아보았다. 암행어사에게는 강철과 같은 체력이 필요했다.

Q 암행어사는 어떻게 신분을 밝혔을까?

A 암행어사가 자신의 신분을 밝히는 것을 '출두'라고 한다. 암행어사가 출두할 때는 역졸이 마패를 손에 들고 "암행어사

출두야!"라고 크게 외쳤다. 출두한 암행어사는 억울한 죄인이나 재판 사례를 확인하고 재심하여 해결했다. 관리의 부정이나 비리가 발견되면 즉시 수령의 권한을 정지시키고 관청의 창고를 걸어 잠근다. 이를 '봉고'라고 한다. 암행어사가 임시로 고을을 다스리다가 서울로 떠나면, 새 수령이 올 때까지는 이웃 고을 수령들 중 한 사람이 다스렸다.

'민심은 천심!' 이것이 조선 시대 왕들의 생각이었다. 하지만 왕들은 민심을 제대로 살피기가 어려웠다. 암행어사 제도는 한양 궁궐 속에서 왕이 전국의 백성들과 소통하는 조선만의 독특한 방법이었다.

세금을 줄여 백성을 지켜라!

영조가 만든 납세 제도 균역법은 군대에 가지 않는 대신 1인당 두 필씩 바치던 군포를 한 필로 줄인 것이다. 한 집에 여러 명이 군대의 의무를 지는 경우가 있어 백성들의 부담은 크게 줄었다.

세종 대왕은 토지를 6등급으로 나누고 토지에서 나는 생산량을 9등급으로 나누어 수취하는 제도인 공법이라는 제도를 만들어 풍년인지 흉년인지에 따라 토지에서 걷는 세금의 양을 다르게 했다. 하지만 시간이 지나면서 백성들의 부담이 커지자 가장 흉년일 때를 기준으로 삼아 세금의 양을 대폭 줄여 매년 일정한 세금을 내도록 하는 영정법을 실시했다.

세금 중에는 각 지역의 특산물을 바치는 공납 제도가 있다. 최고의 물건만 고르다 보니 백성들에게는 큰 부담이었다. 대동법은 물건으로 내는 공납을 쌀로 내게 한 제도로, 땅을 갖고 있는 사람들이 부담하게 하여 백성들의 부담은 한결 줄어들었다.

균역법과 영정법 그리고 대동법은 왜란과 호란 이후 백성들의 삶이 궁핍해지자 이를 해결해 보고자 실시한 제도다.

조선 시대에도
지역 차별이
있었을까?

    1813년(순조 13년) 12월 제주도에서 일어난 반란, 1817년 4월 전주에서 일어난 역모 사건, 1826년 5월 청주에서 발견된 벽서(잘못된 일을 고발하기 위해 익명으로 공개적인 장소에 게시한 글). 시간과 공간을 뛰어넘은 세 사건에서 공통적으로 등장하는 이름이 있다.

    바로 홍경래다. 1811년 12월부터 5개월간 평안도 지역에서 봉기를 이끈 그의 이름은 왜 시간이 흐른 뒤에도 다양한 지역에서 등장한 것일까?

평안도가 차별받은 이유

"조정에서는 평안도를 버림이 똥과 흙 같다. 심지어 권세 있는 집의 노비들도 평안도 사람을 보면 반드시 '평안도 놈'이라고 한다. 어찌 억울하고 원통하지 않은 자 있겠는가."

홍경래가 난을 일으키며 발표한 격문(어떤 일을 여러 사람에게 널리 알려 부추기기 위한 글)이다. 격문에서 홍경래는 평안도 지역이 조정으로부터 차별받고 있다고 주장한다. 그렇다면 평안도가 차별받은 이유는 무엇일까?

첫 번째 이유는 경제적 측면이다. 조선 시대에는 농업을 중시했고 세금 대부분이 농업에서 나왔다. 그런데 평안도는 산악 지대가 많아 농업 생산량이 적은 데 비해 경기와 삼남 지방(경상도, 전라도, 충청도)은 농사가 잘되므로 정부의 입장에서는 평안도에 관심을 덜 가질 수밖에 없었다.

두 번째 이유는 사회적 측면이다. 경기와 삼남 지방은 강과 평야가 발달되어 사람이 살기에 좋다. 따라서 자연스럽게 인구가 집중되고 대부분의 양반 가문도 그곳을 근거지로 삼았다. 반면에 평안도 지역은 산악 지대가 많은 데다 북방의 침략에 시달렸으므로 양반들은 그곳에 살기를 꺼렸다. 한반도의 중남부 지역에 많은 양반이 살고 있으니 당연히 과거에 급제하는 사람도 많았다. 그리고 그들의 영향력이 커질수록 평안도 사람들은 과거에 합격하는 경우가 드물어지고, 합격을 하더라도 고위 관직에 오르기가 힘들어진 것이다.

세 번째 이유는 북방 유목 민족에 대한 좋지 않은 시선이다. 고려 시대부터 거란이나 여진과 같은 북방 유목 민족은 한반도 국경 지역을 자주 침략했다. 조선 시대에는 그들의 침략에 맞서 국경을 안정시키고 영토를 개척했다. 그 과정에서 오랑캐라 부르며 무시하는 북방 유목 민족과 우리나라 사람들이 어우러져 생활하는 지역이 늘어났다. 그래서 유목 민족과 피가 섞인 사람들이 살고 있는 평안도를 차별했다.

마지막 네 번째 이유로는 평안도에서 몇 차례 발생한 반란을 들 수 있다. 고려 시대에는 대표적으로 묘청의 난이 있었고, 조선 시대에는 이시애의 난(세조 때), 이괄의 난(인조 때) 등이 있었다. 이와 같은 반란들이 일어난 것 역시 평안도 지역에 대한 편견과 차별을 더하는 요인이 되었다.

평안도를 뜨겁게 달군 홍경래

홍경래는 평안북도 출신으로 유교적 학식을 갖추고 풍수지리를 공부한 지식인이었다. 그는 과거 시험에 응시했지만 번번이 떨어졌다. 그런데 자신이 떨어진 것이 실력이 없어서라기보다는 평안도 지역에 대한 차별 때문이라는 사실을 알게 된다. 더불어 세도 정치가 실시되고 있어 정치 기강이 문란해져 뇌물을 쓰지 않으면 관직에 오를 수 없다는 사실도 알게 된다. 이에 홍경래는 세상을 바꾸겠다는 결심을 한다.

조선 시대 후기에는 사회적으로 큰 변화가 나타나는데 그중 하나가 대다수 농민의 몰락이다. 많은 농민이 농사지을 땅이 없어 땅을 빌려 농사를 짓거나 날품팔이를 하며 생계를 유지했다. 그러한 상황과 맞물려 평안도 지역에서는 광산 개발이 활기를 띠었고 몰락한 농민들은 일자리를 찾아 평안도 지역으로 몰려들었다.

한편 이 시기에 청과의 무역 활동이 활발해지면서 평안도 지역이 무역을 위한 교통과 상업의 중심지로 성장한다. 그와 더불어 상인 계층이 성장하여 만상, 유상과 같은 거상이 나타났다. 그런데 중앙에서 파견된 수령들은 상인들에게 과도한 세금을 부과하여 상인들의 불만은 높아져만 갔다.

이러한 상황을 홍경래는 적극적으로 활용했다. 금광을 발견했다는 소문을 내 많은 사람을 모으고 그들에게 무기를 주어 군사 훈련을 시켰다. 무기를 사들일 자금은 상인들에게서 지원받거나 가짜 돈을 만들어 사용했다. 무려 10년에 걸쳐 만반의 준비를 마친 홍경래는 1811년 12월 18일 군사 1천여 명을 이끌고 봉기했다. 홍경래의 봉기군은 한 달도 안 되어 청천강 이북 여덟 고을을 점령했다. 그리고 점령한 고을의 부패한 관리들을 처단하여 백성들에게 큰 호응을 얻었다. 그 결과 봉기군의 숫자가 5천여 명으로 불어났다.

그러나 진압에 나선 관군에 연전연패하더니 점령 지역을 빼앗기고 평안북도 정주성으로 들어가 장기 농성에 돌입했다. 이때 정주성 주변 지역 농민들이 홍경래를 따라 정주성으로 들어갔는데, 관군이 봉기에 참여하지 않은 무고한 사람들까지 마구잡이로 죽였기 때문이다.

정주성은 1만여 명의 관군에 의해 포위되었다. 홍경래와 봉기군은 죽음을 각오하고 관군에 대항했다. 관군은 여러 방법을 동원해 정주성을 공격했지만 4개월간 성을 함락시키지 못했다. 결국 관군은 정주성의 땅 밑으로 굴을 파 성벽 아래에서 화약을 터뜨려 성벽을 무너뜨렸다. 몇 달간의 전투로 악이 오른 관군은 무너진 성벽 틈으로 물밀듯이 들어가 닥치는 대로 사람들을 살육했다. 전투 과정에서 홍경래는 탄환에 맞아 죽었고, 홍경래의 난은 그렇게 진압되었다. 이후 관군은 포로로 붙잡은 봉기군 3천여 명 중 여자와 아이는 노비로 삼고 나머지 1,917명 모두 참수했다.

실패로 끝난 홍경래의 난. 하지만 그의 이름은 살아남아 이후 발생하는 농민 봉기의 불씨가 되었다. 고통받는 백성들에게 홍경래는 부조리한 세상에 저항하는 상징이 된 것이다.

농민 봉기와 새로운 종교의 유행

조선 시대 후기 백성들은 매우 힘겨운 삶을 이어 갔다. 중앙 관리들은 관직을 돈으로 사고팔며 나라를 제대로 다스리는 데에는 관심을 두지 않았다. 그 틈을 이용해 지방의 탐관오리들은 백성들을 과도하게 수탈했다. 백성들은 무거운 세금을 버티다 못해 스스로 양반의 노비가 되거나 다른 지역으로 도망갔다. 어떤 이들은 도적이 되거나 봉기를 일으켜 관아를 습격하기도 했다.

사회 불안이 커져 가는 가운데 정부는 암행어사를 파견하기도 했지만 별다른 효과를 거두지 못했다. 가만히 앉아서 굶어 죽을 수만은 없는 농민들은 홍경래의 난(1811년), 임술 농민 봉기(1862년)와 같은 적극적인 저항으로 자신들의 의지를 표현했다.

새로운 세상이 오기를 바라는 마음에 백성들은 예언 사상과 새로운 종교에 의지했다. 《정감록》(이씨가 세운 조선이 망하고 정씨가 새로운 나라를 세운다는 예언서)이나 미륵 신앙(미래의 세상을 다스리는 미륵불이 나타나 사람들을 구원한다는 사상) 등이 바로 그것이다. 또한 천주교가 '서학'이라는 이름으로 전래되었고, 그에 대응하여 민족 종교 '동학'이 창시되었다.

방랑 시인 김삿갓

저 양반 이 양반 하고 양반 타령이구나
양반은 무슨 반이 양반인지 알 수가 없네
......

풍자로 유명한 조선 시대 후기 시인 김병연의 시다.

김병연은 홍경래의 난 때 제대로 싸워 보지도 않고 반란군에 투항한 김익순이라는 사람을 조롱하는 글을 지어 과거 시험에 장원으로 급제했다.

그런데 김익순은 바로 김병연의 할아버지다. 나중에 자신의 할아버지임을 알게 된 김병연은 조상을 욕보였다고 자책했다. 그리고 부끄러워 더 이상 하늘을 볼 수 없다며 삿갓을 쓰고 방랑 생활을 하며 시를 지었다. 그가 김병연이라는 이름보다 '방랑 시인 김삿갓'으로 유명해진 배경에 홍경래의 난이 있다.

김정호는 정말 전국을
돌고 대동여지도를
만들었을까?

2002년 한국 천문 연구원이 소행성 두 개를 발견했는데 그중 하나의 이름을 김정호로 정했다. 그리고 2007년에 발행된 '한국의 고지도 특별 우표' 4종 가운데 하나로 선정된 것은 김정호가 제작한 대동여지전도다. 과연 김정호는 어떤 업적을 남겼기에 오늘날 명실공히 한국을 대표하는 지도 제작자로 기억되고 있는 것일까?

커지는 우리 국토에 대한 관심

여진족이 세운 청이 명을 대신해 중국을 차지하자, 조선에서는 중국을 중심으로 하는 생각에서 벗어나려는 움직임이 나타났고 자연스레 우리 문화에 대한 관심이 높아졌다. 이에 따라 우리의 역사, 지리, 언어 등을 연구하는 국학이 발달했다.

특히 지리 분야에서는 국토에 대한 자부심이 커지고 상업 발달에 따라 교통로에 관심이 높아지면서 지리책과 지도가 제작되었다. 이중환은《택리지》에서 각 지방의 자연환경과 경제생활·풍속 등을 자세하게 소개했으며 신경준은 조선의 산맥을 체계화하여《산경표》를 만들었다. 또 정상기는 정확한 지도 제작을 위해 축척을 사용한 동국지도를, 김정호는 청구도·대동여지도 등을 만들었다.

여러 지도 중 으뜸은 1861년(철종 12년)에 완성된 김정호의 대동여지도라고 볼 수 있다. 대동여지도의 '대동'은 우리나라를, '여지도'는 땅 전체를 그린 지도를 의미한다. 즉 대동여지도는 우리나라의 땅 전체를 그린 전국 지도인 것이다. 물론 대동여지도가 현재의 위성 사진처럼 한반도의 지형을 정확하게 표현한 것은 아니다. 일부 섬의 위치나 해안선은 실제와 다르다. 그럼에도 이 지도가 우수하다고 말하는 이유가 있다.

대동여지도의 우수성

첫째, 이 지도는 대량으로 인쇄가 가능하도록 나무판에 지도를 조각하여 새겨 놓았다. 현재 대동여지도 목판본이 20여 개 발견되었는데 외국에서도 계속 발견되고 있어 앞으로 더 많아질 가능성이 있다.

둘째, 대동여지도는 현재 우리가 사용하는 지도의 범례에 해당하는 지도 기호를 만들었다. 이전에 제작된 조선의 지도에는 기호가 사용되지 않고 여백에 관련 내용을 글이 적혀 있었다. 그러나 대동여지도는 총 22개의 기호를 사용하여 지도를 쉽게 알아볼 수 있도록 했다.

셋째, 10리(약 4킬로미터)마다 점을 찍어 두어 지도를 보는 사람들이 쉽게 거리를 잴 수 있도록 했다. 특히 평야 지대에서는 점을 일정하게 표시하고 산지에서는 간격이 좁아지게 표시했다. 이로써 지도를 보는 사람은 그곳에 산이 많아 길이 가파르다는 사실을 알 수 있다.

넷째, 휴대가 편리하도록 전체를 22첩으로 나누었고, 한 첩은 세로가 약 30센티미터로 A4 용지보다 조금 크다. 그래서 한 개의 도를 여행할 때에는 3~4첩만 가지고 다니면 되었기에 활용도가 높았다. 한편 22첩을 모두 펼쳐서 합치면 가로 3.8미터, 세로 6.7미터로 현존하는 전국 지도 중 가장 크다.

김정호는 정말 전국 일주 세번, 백두산 등반 여덟 번을 했을까

이렇게 우수한 대동여지도는 어떻게 만들어졌을까? 1990년대 이전에 나온 위인전에는 김정호가 백두산을 여덟 번이나 오르고 전국을 세 번 돌면서 우리나라의 산천을 일일이 종이에 그린 뒤 그것을 목판에 옮겨 만들었다는 이야기가 있었다. 이는 조선 시대 지리학 수준을 무시하고 김정호 개인의 힘으로 대동여지도를 만들었다는 사실을 강조하는 것이다. 과연 사실일까?

김정호의 삶에 대한 자료가 거의 없어서 그의 신분은 물론이거니와 생몰 연도조차 알 수 없다. 다만 족보가 전해지지 않는 점,《이향견문록》(조선 시대 후기에 저술된 중인 이하 출신의 뛰어난 인물들을 소개한 책)에 이름이 등장한다는 점으로 미루어 볼 때 중인 이하의 신분이었을 것으로 추측할 수 있다.

오늘날에도 "백두산 천지는 삼대가 덕을 쌓아야 볼 수 있다"라는 말이 있을 만큼 백두산에는 안개가 자주 낀다. 당시의 교통 상황과 김정호의 신분 등을 고려해 보면 그의 전국 일주와 백두산 여덟 번 등반은 불가능하다고 보는 편이 옳다.

그렇다면 김정호의 영웅담은 어떻게 만들어졌을까? 가장 먼저 김정호와 대동여지도를 세상에 알린 사람은 일제 강점기의 시인 최남선이다. 그는 1925년《동아일보》에 김정호가 백두산에 일곱 번 올랐으며 옥에 갇혀 죽었다고 기록했다. 또 1934년 조선 총독

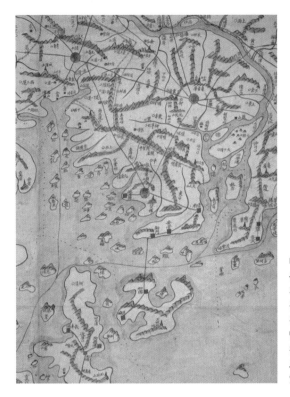

대동여지도의 김해 부분. 지도의 동그라미 세 개 중 가장 오른쪽 것이 김해이고 가장 아래의 것이 웅천(지금의 경상남도 진해 지역)이다. 웅천 아래로 가덕도, 가덕도 왼쪽으로 거제도가 있다(그림 25).

부에서 발행한 《조선어 독본》에 김정호가 전국 일주를 세 번 하고 백두산을 여덟 번 올랐다는 내용이 있다. 일제는 훌륭한 업적을 남긴 김정호를 인정하지 않은 흥선 대원군의 무능함을 강조하여 조선인이 일본의 지배를 받아들이게 하려는 의도에서 그렇게 쓴 것이다.

그러다가 1990년대 들어 김정호와 대동여지도 연구가 활발히 진행되면서 김정호가 직접 답사를 한 뒤 제작한 것이 아니라는 주장이 등장했다. 그 주장의 근거로 이야기되는 것은 김정호의 지도 제작에 커다란 도움을 준 신헌이라는 사람의 기록이다. 그는 당시 형조·병조·공조 판서를 지낸 관리로서, 김정호가 대동여지도를 제작하기에 앞서 펴낸《동여도지》(국가 통치에 도움을 주기 위한 지리서. 김정호는 평생 동안 이 책을 보완했다) 편찬에 도움을 준 사람이다. 신헌은《동여도지》를 편찬할 당시의 상황을 다음과 같이 기록했다.

> 나는 일찍이 우리나라 지도에 뜻을 두고 비변사와 규장각에 소장된 지도, 오래된 집에 좀먹다 남은 지도를 널리 수집하여 잘못된 내용은 고치고 여러 지도를 대조하고 여러 지리지를 참고하여 합쳐서 완벽한 지도를 만들고자 했다. 이리하여 김정호와 모의하여 완성하도록 맡겼다.
>
> —《금당초고》중 〈대동방여도 서문〉

이에 따르면 김정호는 직접 전국을 답사하여 대동여지도를 만든 것이 아니라, 이전까지 제작된 지도와 자료를 종합하여 만들었다는 사실을 알 수 있다. 물론 그렇다고 김정호의 업적을 낮게 평가할 수는 없다. 당시 지방에서 제각각 제작되어 비율과 크기,

표기가 다른 지도들을 한데 모아 정리하는 일은 보통 일이 아니었을 것이기 때문이다.

무수히 많은 지방 지도를 정리하며 김정호는 어떤 생각을 했을까. 안타깝게도 지도 제작 과정과 관련된 기록이 없어 확인할 길은 없다. 그러나 그의 호 고산자가 '옛 산의 자식'이라는 의미임을 생각하면, 김정호는 누구보다 우리 땅을 사랑한 사람이었음이 틀림없다. 그랬기에 오늘날 우리가 자랑스럽게 여기는 보물 대동여지도가 만들어질 수 있었던 것이다.

어디에서 살 것인가, 《택리지》

"열심히 일한 당신! 이제 떠나라!!"

생각만 해도 신나는 여행을 가려면 여행 가이드북을 보면 되는데, 은퇴 후 귀농이나 귀어를 하려면 어떤 책을 보아야 할까? 지금으로부터 200여 년 전 이런 고민을 한 인물이 있었으니 그가 바로 이중환이다. 그의 저서 《택리지》에 소개된 내용에 잠깐 귀기울여 보자.

평안도는 인심이 순후하고, 경상도는 풍속이 진실하고, 함경도는 오랑캐 땅과 가까운 탓에 백성의 성질이 모두 거세고, 황해도는 사납고 모질고, 강원도는 많이 어리석고, 전라도는 오직 간사함을 숭상하여 나쁜 데에 쉽게 움직이고, 경기도는 도성만 벗어나면 재물이 보잘것없고, 충청도는 오로지 세도와 이재만 좇는다.

이뿐만이 아니라 이중환은 《택리지》에서 살기 좋은 곳이 어디인가 고를 때 풍수지리적 명당인 배산임수에 위치하는 '지리'와

생업에 유리한 곳에 위치하는 '생리' 그리고 '인심'과 '산수', 이 네 가지를 따져 보라고 했다.

이중환이 30여 년간 전국을 유람하며 직접 답사한 것을 토대로 하여 1751년(영조 27년) 편찬한 책이니 믿을 만하지 않을까? 18세기의 정치, 경제, 사회, 산업, 교통, 국방, 풍수지리, 환경 등에 대한 다채로운 내용이 담겨 있는《택리지》는 편찬 당시 지식인 사이에서 큰 반향을 불러일으켰다. 또 지역별 지형과 역사·토산물 등을 기록했고, 지리적 환경에 맞는 생산 활동과 교역을 강조했다. 하지만 평안도와 전라도는 가 보지 못했으며, 원본과 수정본이 전해지지 않는 데다 필사할 때마다 글이 바뀐 경우가 많아 이본(기본 내용은 같으면서 부분적으로 차이가 있는 책)만 200여 종에 달하므로 정확한 내용을 알기 어렵다는 아쉬움이 있다.

이중환은 정치적 이유로 여러 번 유배를 당했던 터라 자신의 고향이지만 서인의 지지 기반인 충청도를 비판적으로 기술한 반면, 남인의 지지 기반인 영남은 호의적으로 평한 것으로 보인다.

이런 한계에도 불구하고《택리지》는 조선 시대 보기 드문 인문지리서이면서 환경 생태적 시각과 자연 지리적 시각을 포괄하고 있어, 현대의 지리학 및 풍수 연구에 매우 소중한 자산이다.《택리지》는 이중환 자신이 안주할 장소만 구하기보다는 도탄에 빠진 백성들이 안주할 수 있는 장소를 발견하여 그 정보를 제공함으로써 백성들 스스로 난세를 극복하도록 지혜를 준 지침서라고 할 수 있겠다.

천주교는
어떻게 조선에
전래되었을까?

1784년(정조 8년) 청나라의 수도 베이징. 한 조선 청년이 서양인 신부를 찾아가 세례를 받고 '베드로'라는 세례명을 받았다. 선교사가 단 한 번도 방문한 적 없는 나라 조선에서 스스로 천주교도가 되겠다고 찾아온 청년을 보고 서양인 신부들은 깜짝 놀랐다. 그 조선 청년의 이름은 이승훈. 실학자 정약용의 매부인 그는 어떻게 천주교를 알게 되어 자발적으로 세례를 받았을까?

학문으로 시작해 종교로 받아들여진 천주교

천주교는 서양에서 전래된 종교다. 그런데 우리나라에 처음 천주교가 들어왔을 때는 종교로서 들어온 것이 아니라 학문으로서 들어왔다. 청나라에 갔던 사신들이 가져온 여러 책 가운데 천주교와 관련된 서적이 있었는데 몇몇 사람이 그 책들을 읽었다. 그래서 천주교가 소개된 17세기 무렵에는 '서학'이라는 이름으로 불렸다.

천주교가 종교로서 받아들여진 것은 이로부터 1세기가 훌쩍 지난 18세기 후반 정조 때다. 이승훈은 청나라에 가는 사신들을 따라갔다가 서양인 신부에게 세례를 받고 돌아와 조선에 본격적으로 천주교를 전파하기 시작했다. 천주교는 권력의 중심에서 밀려난 양반을 비롯하여 중인들이 주로 믿었고, 하층민 중에서는 특히 부녀자 사이에서 널리 퍼졌다. 천주교가 부녀자들 사이에서 빠르게 확산된 까닭은 '신 앞에 모든 사람이 평등하다'는 가르침 때문이다. 남성보다 못한 존재로 차별 대우를 받아 온 여성들은 남성과 여성을 동등한 인간으로 보는 이론을 적극적으로 받아들인 것이다.

조선 정부는 처음에는 천주교의 확산을 그다지 심각하게 여기지 않았다. 그런데 곧 천주교가 퍼지면 양반 중심의 신분 제도가 무너질 수도 있다는 생각을 하게 되었다. 그 이유 가운데 하나가 앞에서 이야기한 신 앞에 모든 인간이 평등하다는 사상이다. 양반이나 노비가 모두 똑같은 사람이라고 주장하는 평등사상은 건국 이후 400년 넘게 이어져 온 조선의 신분제를 부정하는 것이기 때문이다.

또한 천주교에서는 조상에게 제사를 지내는 의식을 거부했다. 제사는 조상을 신으로 섬기기 위한 것이 아니라 오랫동안 이어져 와 깊이 뿌리내리고 있는 유교 문화가 강조하는 효 사상에서 비롯된 것이라는 점을 이해하기 때문에, 지금은 천주교 신자들도 제사를 지낸다. 그러나 당시 조선의 문화를 전혀 이해하지 못하는 서양인 신부들은 하느님 외의 신을 믿지 않도록 제사를 지내지 못하게 했다. 어떤 천주교인은 어머니의 제사를 지낼 때 사용하는 위패(죽은 사람의 이름을 적어 놓은 나무 조각)에 불을 지르기도 했다.

이쯤 되니 조선 정부는 천주교를 탄압하지 않을 수가 없었다. 그리하여 1801년(순조 1년)에 대대적인 천주교 박해가 시작된다 (신유박해). 이때 한국인 최초의 세례자 이승훈을 비롯하여 정약용의 형 정약종 등이 처형당했다. 정약용 역시 강진으로 귀양을 가서 무려 18년을 지내게 되었다.

도모지를 써도 안 된다!

조선 정부는 오랫동안 이어져 내려온 전통을 거부하는 천주교인들을 조상의 은혜를 모르는 짐승이라며 가만히 두지 않았다.

그 결과 천주교인이라는 사실이 밝혀진 사람들은 죽임을 당하거나 먼 곳으로 유배 가는 등의 처벌을 받았다. 당시 천주교 신자들에게 가해진 비공식적인 사형 방법이 있었다. 그것은 바로 도모지라는 한지를 사용하는 것이다.

도모지로 죄인을 죽이는 방법은 다음과 같다. 우선 죄인의 몸을 기둥에 단단히 묶고 물에 적신 도모지를 여러 장 겹쳐서 죄인의 얼굴을 덮는다. 그러고는 천주교를 계속 믿을 것이냐고 묻는다. 천주교인 대다수는 이에 굴하지 않고 자신의 종교적 신념을 지키기 위해 앞으로도 하느님을 믿을 것이라고 답한다. 그렇게 시간이 흐르면 종이의 물기가 마르면서 숨을 쉬지 못해 죽게 된다.

일부 양반은 자식이 천주교를 믿는다는 사실을 알고는 관아에 고발당해 집안이 망신을 당하느니 차라리 아무도 모르게 죽이기도 했다. 말하자면 종교적 신념을 지키다가 부모로부터 죽임을 당한 천주교도가 있었다는 것이다. 그렇게 자식을 살해한 양반 가문의 부모는 차마 자식이 천주교를 믿었다는 사실을 밝힐 수 없었기 때문에 '도모지를 써도 안 됐네'라고 말했을 것이다. 명확하게 밝혀진 사실은 아니지만 그 말이 시간이 지나면서 '도무지 ~해도 안 된다'는 말로 바뀌었다고 한다. '도무지'라는 말은 종교적 신념을 지키며 이름 없이 죽어 간 순교자들의 넋이 서린 말인 것이다.

천주교가 조선에서 인정받기까지

1839년 헌종 때 외국인 선교사를 포함한 100여 명의 천주교 신자를 처형한 일이 있는데(기해박해), 천주교인에 대한 박해는 19세기 후반 흥선 대원군 때 절정에 이르렀다.

그런데 흥선 대원군이 처음부터 천주교인들을 박해한 것은 아니다. 그는 조선에 접근하는 러시아 세력을 견제하고자 조선에서 활동하는 프랑스 신부와 교류하려고 했다. 그러나 청나라에 아편 전쟁이 벌어져 영국과 프랑스 연합군이 청나라 수도 베이징을 점령했다는 소식을 듣고 서양인들은 조선을 침략하기 위해 접근

서울시 합정동에 있는 천주교 박해의 상징 절두산 천주교 순교 성지. 흥선 대원군이 권력을 쥐고 있던 시기 이곳에서 천주교인 1만여 명의 목을 잘라 처형했다. 그래서 절두산으로 불린다(그림 26)

하고 있다고 생각하여 교류를 거부했으며, 이와 더불어 천주교에 대한 탄압이 본격적으로 시작되었다.

1866년 조선에 들어와 있던 프랑스 신부 아홉 명과 조선인 천주교 신자 수천 명이 붙잡혀 처형당했다(병인박해). 이를 계기로 프랑스 군대가 강화도에 침입했다가 조선군에 의해 격퇴당했다. 프랑스군이 물러난 뒤 흥선 대원군은 지방에 있는 천주교인들을 찾아내 처형했고, 그 후 외세의 접근이 있을 때마다 수많은 천주교인을 처형했다.

한편 흥선 대원군이 물러난 뒤 조선은 서양 문물을 받아들였고 1886년 천주교를 공식적으로 인정하면서 천주교인들은 신앙의 자유를 얻게 되었다.

서학에 이어 동학이 만들어지다

세도 정치가 가져온 삼정의 문란은 농민의 생활고를 심화시켰다. 여기에 지방관들의 횡포가 더해지고 가뭄과 홍수 등 자연재해마저 잇따랐다. 농민들은 아무 희망 없는 삶을 버텨 내고 있었다. 사람들 사이에서는 듣도 보도 못한 서학을 믿는 사람이 생겨났다. 이때 경주 지역에 사는 몰락한 양반 가문 출신 최제우는 백성들의 고통과 불안감을 해소하기 위해 새로운 종교를 만들어

'동학'이라 불렀다. '서학'이라고 불리는 천주교에 대응해 붙인 이름이다.

동학은 동양의 전통 사상인 유교와 불교 그리고 도교에 우리의 전통 신앙을 융합해 만들어져 쉽게 친숙해질 수 있는 종교였다. 핵심 주장은 '사람이 곧 하늘이다'라는 의미인 인내천이다. 하늘은 동양 사상에서 가장 높고 귀하게 여기는 것이며, 모든 사람이 귀하다는 것은 곧 모든 사람이 평등하다는 의미다.

천주교로 대표되는 서양 세력으로부터 나라를 지키고 모든 사람이 평등하다는 주장을 통해 힘겨운 삶을 살고 있는 백성을 고통으로부터 구하고자 한 동학은 농민 사이에서 빠르게 퍼져 나갔다. 하지만 양반 중심의 신분제 사회인 조선에서 동학의 평등 사상은 확산을 저지해야 할 대상일 뿐이어서 정부는 이를 막기 위해 노력했다.

흥선 대원군은
어떻게 백성들의
지지를 끌어냈을까?

조선 시대에는 왕들의 초상화인 어진을 남겼으나, 안타깝게도 전쟁으로 거의 소실되어 현재 여덟 명의 어진만 남아 있다. 그런데 무려 다섯 종류의 초상화를 남겨 권세를 과시한 인물이 있었으니 바로 흥선 대원군이다. 그는 어떻게 초상화를 여러 점 남길 정도로 막강한 권력을 행사하게 되었을까?

프로젝트 1. 개똥이를 왕으로!

흥선 대원군 이하응은 인조의 셋째 아들 인평 대군의 후손이로 직계 왕통과는 거리가 멀다. 당연히 그의 둘째 아들 이명복(본디 개똥이었다가 소년기에 '명복'으로 개명하고 국왕 즉위 후 '재황'으로 개명했다)은 왕이 될 수 없었으나, 이명복은 열두 살 어린 나이에 임금이 되어 무려 43년간 재위하게 되니 곧 고종이다. 아들을 왕위에 앉히겠다는 흥선 대원군의 움직임은 철종이 아들을 낳지 못하고 병약하다는 사실을 간파한 시점에 이미 시작되었다.

이하응은 안동 김씨 일족에게 자신이 야심이 없음을 보여 주기 위해 왕족임에도 일부러 장사치 같은 사람들과 어울리거나 체면을 떨어뜨리는 행동을 했다. 실제로 그는 빈곤하게 지내며 자주 돈이나 쌀을 꾸러 다니는 모습을 보였고, 권세가들을 찾아가 큰아들에게 벼슬자리를 줄 것을 구걸했다.

야사에 따르면 흥선 대원군은 안동 김씨 측 견제를 피하기 위해 파락호, 상갓집 개(파락호는 재산이나 권력이 있는 집안의 자손으로서 허랑방탕한 난봉꾼을, 상갓집 개는 주인 잃은 개가 상갓집에 기웃거리다 떨어진 음식을 주워 먹는 것에 빗대어 천대받으며 비굴하게 얻어먹는 초라한 모습을 이르는 말)라고 불리는 등 온갖 수모를 당하면서 살았다고 한다. 그러나 이 이야기는 매우 과장된 것으로 김동인의 소설 〈운현궁의 봄〉에 그려진 흥선 대원군의 모습에서 영향 받은 바가 크다.

실제로는 명예직이나마 고위 관직을 지내면서 조정에서 모범 종친으로 칭송받는 위치에 있었다고 한다. 이하응이 난과 그림

을 그려 팔아서 생계를 유지하는 모습을 본 심의면이 '궁도령'이
라고 조롱했다는 것 또한 이하응이 김정희의 제자였다는 사실이
과장되어 와전된 이야기로 보인다.

홍선 대원군은 이런 인고의 세월을 보낸 후 왕실의 최고 어른
신정 왕후(조 대비라고도 불린다)에게 접근하여 이명복을 양자로
들이는 데 성공했다. 그리고 마침내 성인이 되지 않은 아들이 왕
이 되자, 섭정(군주 국가에서 왕을 대신해 나라를 다스리는 것을 이른
다)을 한다는 명목으로 권력을 잡는다.

프로젝트 2. 개혁으로 나라와 백성의 살림 안정시키기

홍선 대원군이 권력을 잡은 때는 삼정의 문란이 극에 달한 세
도 정치 시기다. 홍선 대원군은 토지를 조사하고 측량하는 양전
사업을 실시하고, 세금을 내지 않으려고 장부에 기록하지 않고
숨겨 둔 땅인 은결을 색출해 내는 것으로 전정 개혁의 포문을 열
었다.

또 군정을 개혁하기 위해 한집에 있는 남자의 수에 따라 세금
을 내는 것이 아니라 모든 집이 동일하게 세금을 내는 호포제를
실시했다. 이렇게 되면 신분에 상관없이 양반까지 군포를 부담해
야 하므로 조세의 형평성 측면에서 긍정적인 결과를 가져온다.
물론 양반층의 반발이 만만치 않았으나 홍선 대원군은 뚝심 있

게 민생 안정 정책을 추진했다. 이전까지 관에서 곡식을 빌려준다는 명목하에 수령과 아전 들의 돈벌이 구실이 되던 환곡제를 폐지하고 지역의 덕망 있는 양반이 곡식을 빌려주게 하는 사창제를 실시했다.

그뿐 아니라 흥선 대원군은 대규모로 서원을 철폐시켰다. 서원은 제사 비용 등을 주변의 농민에게 물리는 등 문제를 일으켜 온데다 사액 서원(왕이 이름을 짓고 토지·노비 등을 하사한 서원)의 면세권을 악용해 주위의 양반들이 땅을 서원에 맡기고 세금을 내지 않는 등 폐단이 심했다. 또한 서원을 근거지로 세력을 형성하고 정치에 관여하는 붕당 정치의 폐단 역시 극에 이르고 있었다. 이에 그는 서원 중 47개소만 남기고 모두 헐어 버렸다. 나라의 살림은 점차 안정되어 갔고, 백성들은 일련의 개혁에 지지를 보내기 시작했다.

프로젝트 3. 경복궁 다시 짓기

여러 성공에 고무된 흥선 대원군은 왕권을 강화하고 왕실의 위상을 높이기 위해 경복궁 중건에 나섰다. 임진왜란 후 폐허가 되어 있는 경복궁을 새로 지으려면 막대한 비용과 노동력이 필요했다. 이를 강제로 거두어들인 기부금 성격의 원납전과 국가 재정으로 충당하며 처음에는 별 탈 없이 진행되었다.

그런데 다 지어 가는 중에 화재로 몽땅 타 버렸다. 다시 짓기에는 너무 무리가 가는 일인데도 대원군은 당백전(상평통보의 100배 가치를 지닌 고액권 화폐)을 발행하고, 원납전을 강제로 거두며, 도성의 4대문을 통과할 때마다 내는 일종의 통행세인 문세를 걷는 등 재원을 마련하는 한편 농민들을 대거 동원했다.

결국 이 사업은 양반은 물론 일반 백성의 큰 반발을 불러일으켜 흥선 대원군이 퇴진하는 가장 큰 원인이 된다. 경복궁 중건 무렵에 불리기 시작한 것으로 알려진 민요가 바로 〈경복궁 타령〉이다. "조선 여덟 도 유명탄 돌은 경복궁 짓는 데 주춧돌 감이로다", "우리나라 좋은 나무는 경복궁 중건에 다 들어간다" 라는 구절이 당시 상황을 잘 말해 준다.

흥선 대원군에 대한 서로 다른 평가

흥선 대원군이 실시한 각종 개혁에 대한 평가는 크게 두 가지로 요약된다.

우선 호포제와 서원 철폐는 이전부터 제기되었고 사창제는 과거에 있던 제도를 다시 쓴 것뿐이므로 흥선 대원군만의 개혁은 없다는 평가가 있다. 또한 그의 개혁은 왕권이 강력한 과거로 회귀하려는 성격이 강해 근대 지향적이지 않다는 점 때문에 종종 비판을 받는다.

반면에 세도 정치의 막을 내리고 정상적인 정치 제도와 조세 제도를 복원했다는 점만으로도 흥선 대원군은 나름대로 업적을 인정받을 만하다는 평가 또한 존재한다. 특히 호포제와 서원 철폐는 그와 관련된 폐해가 오래전부터 지적되어 왔지만 조선 시대후기 200여 년간 세금 내기를 기피한 기득권층의 끊임없는 반대로 실행되지 못한 것들이다. 그 반발을 이겨 내고 소신 있게 추진한 그의 업적은 간과할 수 없다는 평가다.

이제 남은 것은 우리의 평가다. 흥선 대원군에 대한 평가는 과연 몇 점일까? 혹은 수, 우, 미, 양, 가 중 무엇일까?

전쟁에서 시작된 수, 우, 미, 양, 가

지금은 찾아보기 힘들지만 예전에는 성적 평가를 수, 우, 미, 양, 가로 했다. 수는 가장 우수한 성적에, 가는 가장 낮은 성적에 매겨졌다. 이 수, 우, 미, 양, 가는 임진왜란 전에 일본 전국 시대에 생겼다고 한다.

무장인 오다 노부나가는 가장 많은 적의 머리를 잘라 온 부하에게 '수'라는 등급을 매겼다는 이야기가 있다. 누가 목을 많이 베어 오는가에 따라 수, 우, 양, 가(미는 나중에 우리나라에서 덧붙인 것이다)를 매긴 것이다.

임진왜란의 원흉 도요토미 히데요시의 이름은 이 수, 우, 양, 가에서 생겨났다는 이야기가 있다. 전쟁에서 적군의 머리를 많이 가져와서 수(秀)에 속해 히데요시(秀吉)가 되었으며, '가장 뛰어난 가신'이라는 뜻에서 도요토미라는 성을 갖게 되었다는 것이다.

수, 우, 양, 가가 평가 방법으로서 우리나라에 처음 들어온 것은 일제 강점기 때다.

일본, 메이지 유신으로 근대화의 첫걸음을 떼다

1842년 청나라가 아편 전쟁에서 일방적으로 패했다는 소식이 일본에 전해졌다. 이에 에도 막부는 방위 태세를 강화함과 동시에 외국 선박이 접근하면 필요한 물자를 제공하여 안전하게 돌려보내라는 법령을 만들어 서구 열강과의 충돌을 최대한 피하려고 했다.

그러던 중 페리 제독이 이끄는 함대가 나타나 대포를 앞세워 미국과 통상을 수락하지 않으면 전쟁을 일으키겠다며 무력시위를 벌였다. 자신들의 군사력으로 미국을 상대할 수 없음을 느낀 에도 막부는 미일 화친 조약(1854년)을 맺고 개항했다.

서양의 압박을 받아 개항이 이루어지자 에도 막부의 외교 정책을 비판하는 목소리가 커졌다. 게다가 개항 이후 외국의 값싼 물건이 들어와 일본 경제에 타격을 주면서 농민과 수공업자 등 민중의 불만이 높아졌다. 이때 개항에 불만을 품은 일부 하급 무사들이 무능한 막부를 무너뜨리고 천황을 중심으로 똘똘 뭉쳐 외세를 몰아내자는 존왕양이 운동을 전개했다. 그 결과 에도 막부

일본 개항 당시 존왕양이의 사회 분위기를 보여 주는 풍자화. '존왕'은 왕을 받든다는 의미이고 '양이'는 오랑캐를 무찌른다는 의미로서, 외세를 배격하려는 뜻이 담겨 있다(그림 27).

는 붕괴되고 1868년 메이지 천황을 중심으로 한 새로운 정부가 수립되었다.

메이지 정부는 부국강병을 위해 서양 문물을 적극적으로 받아들이는 근대적 개혁을 추진하는데 이를 '메이지 유신'이라고 한다. 먼저 에도의 이름을 도쿄로 바꾸고 수도로 삼았으며, 중앙 정부에서 직접 관리를 파견해 지방을 통치했다. 그리고 서양의 의무 교육 제도를 도입하여 오늘날의 초등학교에 해당하는 소학교를 5만여 개나 세워 천황에게 충성을 다하도록 교육했다. 더불어 미국과 유럽에 유학생과 사절단을 파견하여 근대 문물을 익히도록 했으며, 서양의 군사 제도를 모방하여 징병제를 실시해 근대적 군대를 양성했다.

아울러 시범 기업을 만들어 직접 경영하는가 하면 민간의 산업 투자를 적극적으로 보호하고 공장과 철도를 건설하는 등 서양 문물을 도입하여 근대 산업을 육성했다.

한편 메이지 유신이 진행되는 과정에서 헌법을 제정하고 의회를 설립하여 정부의 정책에 국민이 참여할 수 있게 하자는 자유 민권 운동이 일어났다. 메이지 정부는 이를 탄압하는 한편 1889년 일본 제국 헌법을 제정하고, 이듬해 의회를 개설하여 입헌 군주제를 수립했다. 그러나 겉모습은 입헌 군주제 국가였지만 실제로는 정치, 외교, 군사 등 모든 방면에서 천황에게 절대적인 권한이 주어져 국가가 민주적으로 운영되지 못하고 국민의 기본권이 제한되었다.

조선 시대에도
방탄조끼가
있었다고?

2007년 10월 22일 서울 국립 고궁 박물관에서 대한민국의 해군 관계자들은 크게 펼쳐진 깃발 앞에 경례를 하며 예의를 표했다. 깃발에는 한자로 군대의 지휘관을 뜻하는 장수 수(帥) 자가 크게 쓰여 있고, 그 뒤로는 "어재연 장군기, 136년 만의 귀환"이라는 현수막이 붙어 있었다.

이 깃발에는 어떤 사연이 있는 것일까?

서양 세력의 침략에 높아지는 위기의식

18세기 후반 이래 영국과 프랑스 군함들은 제주도 해안과 동

1871년 신미양요 때 강화도를
수비하던 어재연 장군이 사용한
군기는 전리품이 되어 콜로라도
호에 실려 미국으로 갔다. 사진
속 세 명은 명예 훈장을 받았다
고 한다(그림 28).

해안, 서해안 등을 불법으로 측량하고 탐사했다. 중국이 아편 전
쟁에서 영국에게 패하여 개항한 뒤에는 조선 인근 바다에도 서
양 군함이 출몰하여 통상을 요구하거나 주민들과 갈등을 겪는
일이 잦았다. 조선인들은 그동안 보아 온 나무로 만든 배와 달리
강철로 만들어진 서양의 증기선을 보고 '모양이 다른 배'라는 뜻
으로 이양선이라고 불렀다.

1863년 집권한 흥선 대원군은 서양 세력의 침략을 경계하여
통상 수교 거부 정책을 펼쳤다. 1866년에는 프랑스인 신부 아홉

명을 비롯한 천주교 신자 수천 명을 처형한 병인박해가 일어났다. 프랑스는 이를 구실로 군함 일곱 척과 600명의 병력으로 강화도를 침략해 12일 만에 강화도 땅 대부분을 점령하고 각종 문화재와 식량, 귀금속 등을 약탈하며 통상을 요구해 왔다. 그럼에도 불구하고 조선이 통상을 거부하고 문수산성, 정족산성 등에서 강렬하게 저항하자 하는 수 없이 물러났다. 이를 '병인양요'라고 일컫는다.

1868년에는 흥선 대원군의 아버지 남연군의 묘가 파헤쳐지는 일이 벌어진다. 독일 상인 오페르트가 남연군의 시신을 확보해 무역 협상의 카드로 쓰려고 한 것이다. 하지만 조선 왕가에서는 관을 1미터 두께 석회로 덮는다는 사실을 몰랐던 그의 시도는 실패로 돌아갔다. 이를 계기로 조선의 서양 세력에 대한 배척 의지는 더욱 군건해졌고, 그로부터 3년 뒤 외세 배척 기운이 절정에 달하는 사건이 발생한다.

제너럴셔먼호 사건과 미국의 대응

1871년 강화도 손돌목 해역에 병력 800여 명을 실은 미국의 군함 다섯 척이 나타나 5년 전에 평양 대동강에서 발생한 일을 들먹이며 무역 협상을 요구해 왔다.

대체 무슨 일이 일어났던 것이며, 미국은 왜 5년이나 지난 뒤 찾아왔을까?

병인박해가 발생하고 병인양요가 일어나기 전 1866년 7월, 미국의 민간 상선 제너럴셔먼호가 대동강을 거슬러 올라 평양에 가서 무역을 요구했다. 통상 수교 거부 정책을 고집하는 조선은 당연히 그들의 요구를 거절했다. 그러자 선원들이 총과 대포를 쏘며 민가를 약탈하는 만행을 저질렀다. 평안도 관찰사 박규수는 짚과 나뭇가지를 실은 작은 배 여러 척을 서로 묶어 불을 붙인 뒤 제너럴셔먼호 쪽으로 보내 침몰시켰다. 살아남은 일부 선원은 강가로 헤엄쳐 나왔으나 분노한 군인과 주민의 손에 모두 살해당했다.

사건 발생 후 미국은 연락이 끊긴 제너럴셔먼호의 행방을 찾기 위해 조사에 나서 이 사실을 확인했다. 그러나 내부적으로 남북 전쟁(1861~1865년)의 혼란을 수습하고 있던 터라 대응이 늦어질 수밖에 없었다.

미군이 압도적 승리를 거둔 광성보 전투

통상 요구를 조선이 거절하자 미군은 기습적으로 초지진과 덕진진을 공격하여 점령했다. 조선군은 광성보에 모여 저항했다. 아무리 죽음을 무릅쓴다 해도 무기의 열세를 극복할 수는 없었다.

미군이 지닌 소총은 조선군이 갖고 있는 것보다 사정거리가 일곱 배나 되고, 같은 시간에 쏠 수 있는 총알의 수도 열 배나 많았다. 또한 쇳덩어리를 날려 보내는 원시적 수준의 대포를 소유한 조선에 비해 미군의 포탄에는 화약이 들어 있어 파괴력이 훨씬 컸다.

"남북 전쟁 때에도 짧은 시간에 그렇게 많은 포화와 총알이 쏟아진 적은 없었다"라는 증언이 있을 만큼 미군은 함대와 지상에서 광성보를 향해 쉼 없이 대포를 쏘아 댔다. 포격으로 적의 기세를 꺾었다고 판단한 미군은 광성보를 완전히 점령하기 위해 돌격했다. 이에 조선군은 사격을 가했으나 고작 두 명을 맞혔을 뿐 성안에서 백병전이 벌어졌다.

그런데 백병전에 돌입한 미군을 깜짝 놀라게 한 것이 있었다. 바로 조선군이 착용하고 있던 방탄복 면제 배갑이다. 조선군은 병인양요 때 서양 총포의 위력을 깨닫고 그 대응책으로 면을 열세 겹 겹쳐서 단단히 꿰매어 만든 일종의 방탄조끼를 개발했는데, 생각보다 미군의 총검을 잘 막아 냈다.

하지만 면제 배갑에는 치명적인 단점이 몇 가지 있었다. 우선 무게는 3킬로그램으로 가벼운 편에 속하나 두꺼워서 바람이 잘 통하지 않았다. 초여름에 치러진 광성보 전투에서 면제 배갑을 입은 조선군 병사들은 무더위로 금방 지치고 말았다. 또한 포탄이 터지면서 뜨거운 파편이 면제 배갑에 튀면 불이 붙어 화염에 휩싸이기도 했다.

"조선의 군사들은 용감했다. 그들은 아예 항복이라는 것을 몰랐다. 무기를 잃은 자는 죽음을 각오하고 맨손으로 싸웠으며, 부상자는 돌이나 흙을 집어던지며 저항했다. 나중에 전투가 불리해지자 잡히지 않으려고 바다에 몸을 던지거나 스스로 목숨을 끊었다."

미 해군 슬라이 소령이 남긴 이 기록에서 볼 수 있듯이 조선군은 끝까지 저항했지만, 역부족은 역부족이었다. 미군 측 기록을 보면 미군은 단 3명, 조선군은 350명이 전사한 것으로 집계되어 있다. 그에 반해 조선 조정에서 확인한 조선군 전사자는 53명, 부상자는 24명이었다. 이긴 쪽에서는 전과를 부풀려 기록하고, 진 쪽에서는 피해를 적게 기록하려는 경향이 있기에 정확한 숫자는 알 수 없으나 어느 쪽 기록을 보아도 조선군의 참패는 명확한 사실이다.

이기고도 별 소득 없이 물러난 미군

"승리는 승리였으나 누구 한 사람 기억하고 싶지 않은 무의미한 승리였다."(1871년, 《뉴욕 헤럴드》 기사)

미국은 광성보 전투에서 크게 승리했으니 통상 수교 협상을 유리하게 진행할 수 있을 것으로 생각했다. 하지만 조선 정부는 장기전을 준비하고 미군의 점령지를 야간에 기습하며 변함없이 '교역을 하지 않겠다'는 저항 의지를 보였다. 조선 전체를 상대하기에 병력이나 보급 물자가 부족한 미군은 결국 강화도를 점령한 지 한 달 만에 철수해야 했다.

신미양요 이후 흥선 대원군은 나라 곳곳에 "서양 오랑캐가 쳐들어오는데 싸우지 않고 화해한다면 나라를 파는 일이다. 병인년에 만들고 신미년에 세워 1만 년 후의 자손에게 알린다"라는 내용이 담긴 척화비를 세웠다. 그러나 신미양요는 외세의 강력한 군사력에 깊은 인상을 받은 이들이 '서양의 강대국들과 정식으로 교류해야 한다'는 주장을 내세우는 계기가 된 사건이기도 하다.

해외 반출 문화재, 영구 반환만이 정답일까?

신미양요 때 미군은 철수하면서 당시 광성보를 지키던 어재연 장군기와 방탄조끼인 면제 배갑 등을 전리품으로 가져갔다. 그 후 어재연 장군기는 미국 해군 사관 학교 박물관에서 소장하고 있다 가 2007년 협정을 맺어 고국으로 돌아와 현재 강화 역사 박물관에 보관되어 있다. 그리고 스미스소니언 박물관에서 보관하고 있던 면제 배갑은 국립 중앙 박물관으로 돌아왔다. 하지만 둘 다 완전히 우리의 품으로 돌아온 것이 아니라 대여 형식으로 돌려받았다.

영구히 돌려받은 것이 아니라 빌리는 형식을 취한 이유는 미국 의 문화재 보호법상 타국에 문화재를 양도할 수 없게 되어 있기 때문이다. 이는 미국뿐 아니라 우리나라를 비롯한 대부분의 국 가가 그렇다.

일례로 우리나라는 러시아인들이 자랑스럽게 생각하는 문화재 를 갖고 있는데 바로 인천 시립 박물관에 있는 바리야크함 군기다. 러시아 군함 바리야크함은 러일 전쟁이 발생한 1904년 인천 앞바 다에서 일본에 끝까지 저항하다가 자폭했다. 비록 싸움에서는 패배했지만 끝까지 싸운 바리야크함의 이야기는 러시아인들에게 애국심의 상징으로 존경받지만, 일본군은 승리한 기념으로 바리야크함의 군기를 인천에 보관하고 있던 중 광복 이후 두고 갔다.

1990년 한국과 러시아가 수교를 맺은 뒤 러시아 측은 바리야크함 군기의 영구 반환을 요청했다. 그러나 한국의 문화재 보호법에 의해 완전히 돌려줄 수가 없으므로 2010년 러시아에 빌려주었다가 2014년 돌려받았다. 바리야크함 군기는 우리 입장에서도 보존할 가치가 있는 문화재다. 자국의 영해에서 러시아와 일본이 전쟁을 벌인 치욕스러운 역사를 떠올려 그런 일이 다시 있어서는 안 된다는 교훈을 일깨워 주기 때문이다. 그런데 러시아의 바리야크함 군기를 소중한 우리 문화재로 여긴다면 같은 논리로 어재연 장군기 또한 미국에 의미 있는 문화재일 수 있다. 만약 바리야크함 군기도 우리 것이고, 어재연 장군기도 우리 것이라고 주장한다면 논리적으로 모순되는 일이 아닐까?

국외에 흩어져 있는 우리 문화재는 17만 점 이상으로 파악되고 있다. 모두 영구적으로 반환받는 것이 가장 좋겠으나 현실적으로 불가능에 가까운 일이다. 완전한 회수가 어렵다면 '우리 문화재는 우리 땅에 있어야 한다'는 생각에서 벗어나 현재 보관하고 있는 해당 국가에서 잘 활용하여 널리 알려지도록 노력하는 것도 우리 역사와 문화를 위한 방법이 아닐까 생각한다.

붕당 정치의 문제점을 개선해 보고자 탕평책이 실시되었다. 영조와 정조 대에는 서얼이 관직에 오르고 밀려났던 남인이 관직에 오르며 왕권을 강화시키는 등 그 성과가 나타나는 듯했다.

하지만 정조가 갑자기 세상을 뜨고 어린 순조가 왕위에 오르자, 세도 정치라는 최악의 정치 형태가 조선에 등장했다. 세도 정치는 삼정의 문란으로 이어져 백성들의 삶을 짓눌렀다. 버티고 버티던 백성들은 도적 떼가 되었다. 홍경래의 난으로 시작된 농민 봉기는 1862년 전국적인 임술 농민 봉기까지 이어졌다. 조선의 정치 제도는 무너져 갔고, 무너지는 정치 제도는 사회의 모든 것을 집어삼켰다.

서학은 천주교가 되어 백성 사이에 널리 퍼져 나갔으며, 최제우는 동학을 열어 백성들의 두려움과 아픔을 보듬고자 했다. 지배층은 모든 사람의 평등을 앞세우는 천주교도 동학도 거부했다. 일부 양반이 상공업을 발달시키고 토지 제도를 개혁하자고 주장했지만, 조선에서는 아무런 변화도 일어나지 않았다.

　조선 시대 후기는 그 어느 때보다 변화가 필요한 시기였다. 세계는 시민 혁명이 일어나 근대적 민주 정치로의 길을 열었고, 산업 혁명이 일어나 근대적 산업이 등장함으로써 변화의 소용돌이 속으로 달려가고 있었다. 외부에서 이양선이 다가오고 러시아와 국경을 접하고 있으면서도 조선은 적극적으로 변화하지 못해 준비를 제대로 갖추지 못한 채 근대를 맞아야 했다.

그림 목록

재밌어서 밤새 읽는
한국사 이야기 4

1판 1쇄 발행 2022년 8월 19일
1판 3쇄 발행 2024년 4월 30일

지은이 공명진 · 김태규 · 윤경수(재밌는이야기역사모임)

발행인 김기중
주간 신선영
편집 민성원, 백수연
마케팅 김신정, 김보미
경영지원 홍운선
펴낸곳 도서출판 더숲
주소 서울시 마포구 동교로 43-1 (04018)
전화 02-3141-8301
팩스 02-3141-8303
이메일 info@theforestbook.co.kr
페이스북 @forestbookwithu
인스타그램 @theforest_book
출판신고 2009년 3월 30일 제2009-000062호

ⓒ 공명진 · 김태규 · 윤경수, 2022

ISBN 979-11-92444-16-1 04910
       979-11-92444-12-3(세트)

부모님들과 선생님들의 변함없는 선택!
가장 재미있는 청소년 학습 필독서

<재밌어서 밤새 읽는> 시리즈

〈재밌밤〉 시리즈는 계속됩니다

미래창조과학부인증 우수과학도서, 한우리독서올림피아드 추천도서, 한국과학창의재단 우수과학도서, 2020년 청소년 북토큰 선정 도서, 학교도서관저널 추천도서, 한우리열린교육 추천도서, 경기중앙교육도서관 추천도서, 한국출판문화산업진흥원 청소년 권장도서, 서울시교육청도서관 추천도서, 정독도서관 청소년 추천도서, 행복한아침독서 추천도서, 김포시립도서관 청소년 권장도서, 경상남도교육청 김해도서관 사서 추천도서, 하루10분독서운동 추천도서 외 다수 선정

재밌어서 밤새 읽는 화학 이야기

재밌어서 밤새 읽는 물리 이야기

재밌어서 밤새 읽는 지구과학 이야기

재밌어서 밤새 읽는 수학 이야기

초 재밌어서 밤새 읽는 수학 이야기

초·초 재밌어서 밤새 읽는 수학 이야기

재밌어서 밤새 읽는 수학자들 이야기

재밌어서 밤새 읽는 수학 이야기 : 프리미엄 편

재밌어서 밤새 읽는 수학 이야기 : 베스트 편

재밌어서 밤새 읽는 수학 이야기 : 파이널 편

재밌어서 밤새 읽는 생명과학 이야기

재밌어서 밤새 읽는 인체 이야기

재밌어서 밤새 읽는 해부학 이야기

재밌어서 밤새 읽는 인류 진화 이야기

재밌어서 밤새 읽는 소립자 이야기

재밌어서 밤새 읽는 원소 이야기

재밌어서 밤새 읽는 진화론 이야기

재밌어서 밤새 읽는 유전자 이야기

재밌어서 밤새 읽는 천문학 이야기

재밌어서 밤새 읽는 식물학 이야기

재밌어서 밤새 읽는 공룡 이야기

재밌어서 밤새 읽는 한국사 이야기 1 : 선사 시대에서 삼국 시대까지

재밌어서 밤새 읽는 한국사 이야기 2 : 남북국 시대에서 고려 시대까지

재밌어서 밤새 읽는 한국사 이야기 3 : 조선 시대 전기

재밌어서 밤새 읽는 한국사 이야기 4 : 조선 시대 후기

재밌어서 밤새 읽는 한국사 이야기 5 : 조선의 근대화와 열강의 침입

재밌어서 밤새 읽는 한국사 이야기 6 : 일제 강점기에서 대한민국의 현재까지

재밌어서 밤새 읽는 국보 이야기 1 : 몰라서 알아보지 못했던 국보의 세계

재밌어서 밤새 읽는 국보 이야기 2 : 잃어버린 보물을 찾아서

무섭지만 재밌어서 밤새 읽는 과학 이야기

무섭지만 재밌어서 밤새 읽는 감염병 이야기

무섭지만 재밌어서 밤새 읽는 천문학 이야기

무섭지만 재밌어서 밤새 읽는 화학 이야기

무섭지만 재밌어서 밤새 읽는 식물학 이야기

무섭지만 재밌어서 밤새 읽는 지구과학 이야기

재밌어서 밤새 읽는 수학 이야기 : 세트(전 7권)

재밌어서 밤새 읽는 한국사 이야기 : 세트(전 6권)